生かし、生かされ、生きる！

ミロク情報サービス会長
是枝伸彦

財界研究所

生かし、生かされ、生きる！

―もくじ―

プロローグ

四十三歳で独立・起業し、三十余年が経った。中堅・中小企業は日本の産業を支え、また、全産業の九割以上を占める、日本経済にとって大事な存在。その中堅・中小企業のために役立つ仕事をしたいという思いで、この間、一心不乱に仕事をしてきた。若い時は自分一人の力を頼りに突っ走ってきたが、しかし、この世の中で一人で出来ることなど何もない。

わたしは、わたしの人生を左右する重要な出来事を体験している。わたしがある事件で危機に立たされた時がある。下手をすれば、会社が倒産するという事態にまで追い込まれた。その時、温かい支援の手を差し伸べていただいたのが、今は亡きアルプス電気創業者の片岡勝太郎さんであった。わたしたちの会社に向けられた、ライバルからの誹謗中傷もあって、業績がおかしくなり、資金繰りにも窮するようになった。その時、あれこれ打開策を思案していたわたしは、日ごろ取引でお世話になっていた片岡さんを訪ねた。

わたしは創業時から「社会のため、人のために役立つ仕事をしたい」という思いで仕事に打ち込んできたつもりである。当時は中小企業の会計システムをつくり始めた頃で、画期的な仕事であった。必ずお得意先の財務・経理の健全化や効率化に役立つことが出来る会計システムという自信がわたしにはあった。そのことを片岡さんには理解していただいており、常々「頑張れよ」と励まされていたのである。

そういう経緯もあって、片岡さんには財政的な面で支援をしていただいた。おかげさまで、わたしたちはその時の危機を乗り越えることができたのである。

一所懸命に、そして誠実に仕事に打ち込み、取引先や従業員、顧客、そして地域社会といった人たちと共に生きていくということを実践していけば、苦境に陥った時に見てくれている人たちが必ずいるんだ、ということを痛感した。

人を生かし、人に生かされ、そして地に足をつけてしっかり生きる——。その時以来、わたしは人の縁を大事にして生きていこう。社会のため、人のためという、創業時にうちたてた使命感を大事にしていく、と改めて心に決めた次第である。

自分一人では生きていけないということを片岡さんとの出会いで、そして支援を受ける中で、わたしは強く感じたのである。

わたしは一九六〇（昭和三十五）年に大学を卒業し、事務機販売会社に就職した。

当時、日本経済は高度成長を始めたばかりであり、企業は事務機の導入により、経営の生産性を向上させようとしていた。その会社に四年半勤めた後、わたしはミロク経理に就職する。

その後、ミロク経理から分離・独立した会社をわたしが買い取り、創業したのがミロク情報サービスだ。

四十三歳と言えば、〝不惑〟の年頃である。儒学でいえば、惑わずということだが、企業の志には惑いがなくても、その後の人生の展開では惑うことが多々あったというのが正直なところである。迷いや惑いの無い人生などあり得ない。人も企業も常に課題や悩みを抱え続ける。要は、その中でいかに生き抜くかということである。

いろいろな問題を抱えながら人生の進むべき方向を持つには、いろいろな人の教えや導きがある。そうした人たちと共に生きるという考え方で、わたしは生きてきたつもりである。これからも人の縁を大事にしていきたいと思う。

いま、世界は混とんとした状況にある。一九八九年のベルリンの壁崩壊以来の二十余年を見ても、グローバリゼーションの大きな波の中で中国、インド、ブラジルなどの新興国の経済台頭があり、一方では世界人口増の背景の中で所得格差、貧困という問題も同時に発生している。資源獲得競争、宗教の対立、テロの発生、そして政争など争い事が絶えない。

しかし、そういう状況にあっても、人は前を向いて生きていかなくてはならない。次の時代を切り拓くのは若い世代である。若い世代の人たちにとっても、本書が役立つならば、望外の喜びである。

二〇一〇（平成二十二）年六月吉日

是枝伸彦

第1章

信念と使命感

『百年企業をつくる』

わたしはミロク情報サービスを社会から必要とされる百年企業にしたいと考えています。そのためには、売り上げの拡大でより多くのお客様に付加価値を提供します。利益を上げて納税することで国家に貢献します。雇用を確保して地域経済に寄与します。環境、文化、教育に関する企業メセナへの期待も今後は一層高まるでしょう。こうした社会的責任を果たせてこそ、企業の存在価値は高まっていくのだと思います。

〝共に生きる〟の精神で長寿企業を目指す

創業から三十周年を迎えた二〇〇七（平成十九）年、わたしは「百年企業を目指す」と高らかに宣言した——。

わたしが百年企業を目指すと宣言したのには理由があった。

わたしの経営者人生は苦労や試練の連続であった。ビジネスに苦労はつきものだからだ。むしろ、苦労の無い方が珍しいと言えるのではないだろうか。人は数々の困難や試練に直面した時、いかに難局を乗り越えていくかでその後の人生が変わってくる。苦難、苦境を体験した者ほど強い。わたしにはそういう思いがある。

日本には百年以上の歴史をほこる長寿企業は約五万社あると言われる。このうち、二百年以上の歴史を持つ会社は三千百社余りあり、世界トップだと言われる。ちなみに二位はドイツの約千五百社、三位はフランスの約三百社と言われる。日本の企業の中に長寿企業が多いのは、日本の歴史、風土、文化に根差したものがあるからである。

日本には〝共に生きる〟という共生の思想がある。これは仏教の教えに由来する考え方である。欧米のように人間中心で自然を征服し、あるいはコントロールし、人間社会に都合のいいような政治、経済運営を行っていくという考え方ではない。自然と共に生き、自然の恵みを有難いという気持ちで受取り、「有難うございます」の精神で生きる。お互いがお互いを励ましあい、精進を重ねていく。これが本来、日本に伝わる考え方である。

世界のどの国よりも長寿企業が多いというのも、こうした日本の文化・風土があるからだと思う。そうしたことを背景に、わたしも創業から三十周年を機に百年企業を目指すと宣言したのである。

よく「企業三十年説」が言われる。だいたい一世代三十年の時間軸と関連付けて、そう言われるのだろうが、本来、企業は永遠というのがわたしの考えだ。創業三十年の時にわたしは次の課題として百年企業を目指すというテーマを掲げたのである。

何の特技も特別な能力も持たないわたしが、いかにして困難を乗り越えてきたのか。本著ではそれを読者の皆さまに伝え、多くのビジネスマンにも参考に出来ることがあると思うので、紹介させていただく。

まずは第一章では、ミロク情報サービスについて説明することにしよう。

ミロク情報サービスは、税理士や公認会計士事務所およびその顧問先の中小・零細企業向けに、業務用アプリケーションソフトの開発・販売を行っている会社だ。

ＩＴ産業、情報処理産業の中には、ソフトウェア開発やプログラムの作成、受託計算、機器のリース、システム運営・管理の受託、データベース化サービスといった様々な業態がある。ミロク情報サービスが産声を上げた三十年前は、ようやく情報処理産業にスポットが当たりつつあった時代で、一台のコンピューターを利用した受託計算業務が情報処理産業の主流だった。その後は急速な技術革新のもと、何台ものコンピューターを総合的にシステム化するシステムインテグレーター（ＳＩ）へとサービスの質が移行してきた。九〇年代に入ると、一人一台のパソコンが普及するようになり、本格的な情報化社会が到来したといえる。

ミロク情報サービスも創業時の会計事務所とのやりとりは、紙テープを情報処理センターへ送り、Ｂ／Ｓ（貸借対照表）、Ｐ／Ｌ（損益計算書）や元帳を返送するという形であったが、それが技術の進歩と共に事務所で処理できるオフコンが主流になり、今では一人一台のパーソナルコンピューター（ＰＣ）が主流の時代になった。

現在では国民のほとんどが一人一台の携帯電話を所有し、いつでもどこでもネットワークに接続できる環境が整っている。そうしたユビキタス社会の到来の中で、企業は時代の激変期をどう生き抜くかが問われている。

また、時代の変化の中で、中小企業それぞれが抱える悩みも複雑なものになっている。一括りにできない問題が多く、個別の問題解決型（＝ソリューション）ビジネスが求められるようになった。わたしも創業以来、会計処理システムを販売しながら、ソリューションビジネスを追求してきた一人だ。

企業哲学を一人ひとりに徹底させる

わたしはよく新入社員に言うことがある。

「君たちはコンピューターの会社だと思って入社してきたのかもしれない。しかし、あくまでも財務管理システムは、たまたまソフトという形になっているだけにすぎない。コンピューターやソフトというのは道具に過ぎないのであって、大事なことは経営の仕組みやノウハウを勉強して、顧問先企業の経営の悩みを聞いてあげることです。そうしたコンサルティングサービスを持っていることが、他社とは違う当社の強みになっているのです」と。

ミロク情報サービスは、会計事務所に対して会計システムや税務申告システムを提供したり、保守サービスや研修サービスを行っている。

会計事務所は顧問先の中小企業から税務申告書や決算報告書の作成、税務相談などを行い、税務署への申告を代理で行う。その対価として顧問先企業は会計事務所に顧問料を払い、会計事務所はミロク情報サービスに対してシステムやサービスの料金を支払うといった関係になっている。景気の良し悪しに関わらず、会計や税務の申告は必要であるし、会計事務所には中小企業の経営環境が厳しい時ほど経営指導や業務改善のサポートが求められる。

これまでミロク情報サービスは、ハードとソフトの両方を売る会社として、会計と税務に主眼を置きながら会計事務所などの市場を開拓してきた。

会計事務所は顧問先である中小企業に依って立っているところが大きい。つまり、中小企業の繁栄こそが会計事務所の繁栄であり、会計事務所の仕事は中小企業の繁栄を支援することに尽きる。その意味では、中小企業が繁栄するための会計事務所が機能強化や拡大といった方向に結び付くためのサポート役に徹することが、当社の役割であるということだ。

企業の財産は「ヒト・モノ・カネ・情報」であると言われる。

中小企業の事業を拡大することが出来るように、わたしはミロク情報サービスが人事管理システムやマネジメントシステムを提供することで、中小企業の人の教育や資金調達の方法、ＩＴを使ったマーケティングや情報提供まで、ありとあらゆる経営相談ができるような会社にしたいと考えている。これはたとえ時代が変化しても、ミロク情報サービスの役割は変わらない。ビジネスモデルの変化こそあれ、創業の精神や役割は変わらないのである。

百年、二百年も続いている企業というのは、創業者や企業の哲学と理念が確立されている。何のためにこの仕事を行い、どのように社会の役に立っていくか、そういうポリシーを社員一同に徹底させることが大事なのだ。

これが百年企業実現への底流にある、わたしの考えである。

『世のため人のために尽くす〜菩薩行〜』

当社の社名の「ミロク」は、弥勒菩薩に由来しているわけですが、菩薩とは、苦しんでいる衆生《しゅじょう》を助ける修業中の仏様を言います。ですから、「菩薩行」とは、人助けをすることを言い、我々の仕事も、その意味では菩薩行と言えます。商売や金儲けだけではなく、お客様や社会全体のための人助けというか、自分を犠牲にして身と心を呈して尽くす、ということなのです。

伸びる会社と伸びない会社の違い

企業の役割とは、いかに高度で質の高い商品やサービスを、いかに多くの人たちに、いかに経済的に提供することが出来るか、の三点に尽きる。こうした原則を踏み外さない企業が成長出来るのだと思う。では、当社の場合はどうなのか？

ミロク情報サービスの特徴は、会社設立以来三十余年、財務や税務のプロである会計事務所の要望に応え続けてきたことにある。当社のＥＲＰ（総合業務パッケージ）システムには、財務と経営情報システムの専門企業として培ってきたノウハウが詰まっている。

当社の会計事務所ユーザーは八千四百事務所、これは会計事務所の市場シェア二五％に相当する。また、一般企業のユーザーは一万七千社と、豊富なシステム導入実績が信頼性の高さを如実に示している。一つの会計事務所当たり平均六十六社の顧問先企業があるから、八千四百の会計事務所ユーザーを介して、約五十万社へのアプローチが可能になる計算だ。

また、当社は全国二十七カ所の営業・サポート拠点を有し、地域密着型のサポート体制をウリにしている。カスタマーサポートセンター（コールセンター）による高品質なサポートが、顧客のシステム運用を支えているのだ。

わたしは会社設立当初から「オフィス21構想」を打ち出してきた。二十一世紀の会計事務所は地域の総合ビジネスセンターとなり、それを陰で支えるのがミロク情報サービスだということ。これが、わたしの求める新しい時代の会計事務所のあり方であり、今でもこの思いは変わっていない。

では、今後の会計事務所の新しい役割とは、どんなことが求められているのだろうか？　わたしは業務の生産性向上、顧問先へのサービス向上、低価格なランニングコストの三つが重要だと考えている。

発展している会計事務所とそうでない事務所は、会計士や税理士といった先生方のマインドの差に表れている。記帳代行や税務代行、税務相談をただやっていればいいというだけの事務所は発展しない。ユーザーである中小企業のために経営分析をしてあげて、問題はどこにあるのか。おたくはここが弱いからここを強くするためにはどうすればいいのか、ということを、一緒に考えてあげる事務所は発展する。

雑誌で読んだ話で恐縮だが、面白い話がある。ある銀行で銀行員の上司が住宅ローンの相談にきたお客様が何を求めているか部下に尋ねたところ、多くが「いかにいい条件でお金を借りることが出来るか」と答えたのだという。しかし、この場合、お客様が最終的に求めていることは「いい家に住んで、幸せな家庭を築きたい」ということだ。そうしたニーズが分かれば住宅ローンだけでなく、土地の手立てや設計事務所の確保、引越し屋さん、その場所の情報など、いろいろなものを欲していることが分かる。そこから新しいサービスを創りだすことができないか、というのだ。

この話は非常に的を射た話だと思い、参考にさせていただいた。

もっとも、こうしたきめ細かなサービスを提供することは、相当な時間や労力がかかる。それでも、経営者というのは景気がどんなに悪くとも価値のあるところにはお金をかけるもの。ある意味で、経営者の意識を変えていく。そういうことができる人を抱えた事務所は強いと思う。

こうした意見を持つのは、わたしが中小企業のコンサルタントをしてきた経験があり、さらにそうしたシステムやサービスを創ってきたからだ。その上で、自らの経営者としての意識や発想といったものを加味しているのである。

「公」の意識を持つことが社業を発展させる近道

わたしは会計事務所の顧問先である中小企業について、自分たちの強みや弱みといったものを全て洗い出し、将来の事業拡大のための布石を打つべきだと考えている。

いまの中小企業の人たちに言いたいのは、くじけずに自分をもう一回見つめ直せということ。自分たちの会社の強みとは何か、弱みとは何か。当社の歴史を見ても、現在の強みが弱みに代わってしまうこともあるし、その逆もあった。どんな企業でも強みや弱みといったものは必ずあるはずだから、自分たちの強みをさらに向上させるために、どのように発揮させていくかを考えていくべきだと思う。

例えば、資金調達をしようと思ったら、銀行に自分たちの強みを売り込む。技術があるなら将来のために新しい商品開発に励んだり、どこかの企業と提携したり、いろいろな方法が考えられるだろう。己を知れば、自然に知恵や発想は湧いてくるものだ。

中小企業の発展のためには、ミロク情報サービスの社員は手間暇を惜しまない。それが当社の信念であり、「菩薩行のススメ」だ。

当社の社名は文字通り、弥勒菩薩に由来する。菩薩行とはお客様や社会に尽くすことを言うが、われわれの血や汗、知恵や真心を含めて、持てるもの全てを商品やサービスという形で提供することによって、初めてお客様から生かされる権利を得ることができる。そのためには社員一人ひとりが菩薩の心を持って行動し、お客様のトラブルやクレームを受け止めなければならない。お客様の苦労や悩みをすくい取ってあげることが大事なのだ。それゆえに、わたしは〝ミロク〟という名称にこだわってきたのである。

後述するが、八六（昭和六十一）年、当時の親会社・ミロク経理が倒産する。この時、すでにミロク情報サービスはミロク経理から全株式を取得する形で独立しており、資本関係もなかったのだが、社名が同じ「ミロク」だったこともあって、未だに親会社とのイメージも強く、金融機関が融資をしてくれなくなった。

途方に暮れ、資金繰りに困ったわたしを救ってくれたのは、アルプス電気創業者の片岡勝太郎氏だった。片岡氏は金融機関に経営指導念書を提出し、2億円の緊急融資をしてくれたのである。これでわたしは窮状を乗り切ることが出来た。

世知辛い世の中になった現在ではほぼあり得ない話のようにも感じるが、こうした経験をする度に、わたしは、「われわれは自ら生きているのではなく、生かされているのだ」と強く感じるようになった。

また、この頃、わたしは周囲から倒産会社とのイメージを持たれては困るとして「ミロク」の名前を社名から外すべきだと強く進言された。そもそも当社は「ミロク」ではなく、「ミクロ」と間違われることも多かった。上場の際にも呼称として用いてきた「ＭＪＳ」への変更を勧められた。しかし、わたしは全ての話を突っぱねる。それはわたし自身、「ミロク」という名称に対するこだわりがあったからだ。

社名には、こうしたわたしの強い信念が込められているのである。

『変えていいものと悪いもの～不易流行～』

人や企業の生き方を考える上で、己の哲学や価値観、行動基準を安易に変えてしまっては一時的にうまくいっても、やがて自滅するのは目に見えています。一方で頑固に守り続けるだけでは向上はなく、時代に即応して生きるための知識や技術、環境対応能力を磨かなくてはなりません。二律背反ともいえる精神を兼ね備えた人物であり、企業でなければ変化の激しい社会で生き残るのは難しいのです。

今こそコンサルティングサービスが求められている

人が成長するにつれて姿・形が変わっていくように、企業もその時代によって姿や形を変えていくものだ。

ミロク情報サービスも、時代の変化と共に事業内容はかなり変わってきた。創業時の情報処理センターを経由する形から、事業所ごとに対応するオフコン方式になり、現在の個人一人ひとりに対応するパソコンへと変わってきた。ハード重視からソフト重視へ、という路線は今後も続くのだろう。

わたしは現在、ミロク情報サービスを、経済環境に左右されにくい企業体質にしようとしている。ハード重視だと売り上げは大きいが、利幅は少ない。つまり、不況のような外的要因に左右されやすい。一方、ソフトであれば売り上げは少ないが、利幅は大きい。開発コストは大幅に軽減され、ソフト販売とそれに付随するメンテナンス費用がメインとなり、安定した収入構造を構築することが出来る。そうした考えがあるからだ。

景気の良し悪しに関わらず、企業は業務の改善や効率化に向け、ＩＴサービスの活用を念頭に入れている。しかし、無数にあるパッケージソフトの中から、どれが自分の会社に最適なシステムで、どのように運用していけばいいのか分からずに困っているケースは多い。これはミロク情報サービスにとっては、一つの商機である。わたしが昔から言い続けている御用聞き、コンサルティングサービスが今こそ必要だと考えている。こうした姿勢は変えてはならないものだ。

顧客中心のビジネスを志向するという点も創業時から変わっていない。

理想はミロク情報サービスを中心に会計事務所やその顧問先である中小企業が〝三位一体〟となって、ｗｉｎ‐ｗｉｎの関係を構築することだ。こうした関係を築く上で中核的存在となっているのが、ユーザー組織「ミロク会計人会」である。

ミロク会計人会はユーザーの会計事務所が自主運営する組織。設立は一九七五（昭和五十）年のこと。まだ、ミロク経理会計事務所事業部時代のことであり、ミロク情報サービスが設立される前のことだ。

現在は北海道から沖縄まで全国十一の会で構成されており、ミロク情報サービスのシステム開発やサービスに関する助言や意見をもらう。会員の結束は固く、会社法や税制改正などの研究会を開催して、実務に役立つ研修を行っている。

人の縁で企業は成り立っている！

わたしはミロク会計人会の存在に何度助けられたか分からない。

ユーザーの声を直に聴けるというのは本当に有難いことだ。会社にとってのいい部分も悪い部分も両方の評価を聞くことによって、商品やサービスの改善、改良につながる。時に不平や不満を聞くことは耳が痛いが、とても有益な情報であることは間違いない。というのも、企業の経営者にとって一番怖いことは裸の王様になることだからだ。

一般的に、社員は悪い情報を上司に隠したがるものだ。裸の王様は悪いことが耳に入らなくなって実態がつかめなくなる。トップが実態を把握できなくなると、気付いた時には手遅れになる。だから、経営者は現場主義で現場を知らないといけない。われわれのユーザーである会計事務所とはある面でわれわれと利害が対立する部分もあるかもしれないが、今後も持ちつ持たれつの関係でやっていけたら、と願っている。

会計人会にはわたしや社員にとって思い出深い、心温まるエピソードがある。

ミロク情報サービスのある若手社員が、オフコンを台車に乗せて飛び込み営業を行った時のことだ。真夏に汗水たらして奮闘していたのだが、彼のもとに見知らぬ男性がやってきて「わたしの車を使いなさい」と言ってくれたらしい。男性は税理士で後に当社のユーザーとなってくれた人物であったが、その時点では見ず知らずの相手である。汗だくで疲労困憊の若手社員を見て、車のカギを差し出してくれた税理士に、その社員は涙を流した。その後、その若手社員は「一生懸命やっていれば誰かが助けてくれる」と考えて仕事に取り組み、最終的には役員にまでなったのである。

何とも有難いことだ。見ず知らずの社員に救いの手を差し出してくれる税理士先生も凄いが、先生の思いに感謝し、その感謝の念を一時の感情で終わらせず、その後の継続的な努力につなげた若手社員の頑張りにも敬意を表したい。

社員の努力が顧客への信頼感を生む。つくづく、人の〝縁〟で企業は成り立っていると感じざるを得ない。

『蒔かぬ種は生えぬ』

『因果応報』という言葉がありますが、人はいつもどこかで「因」となる種を蒔きながら生きています。その過程で良い結果に恵まれたり、悪い結果に苦しめられたりしますが、目先のことだけにとらわれてはいけません。仕事も同様で、経営が苦しい時に小手先でごまかし、何とか体面を取り繕っても必ず後から綻びが生じてきます。大きな視野で物事の本質を見極め、努力していくことで最終的に帳尻が合うのです。

早すぎても遅すぎてもいけないタイミング

新しい事業や市場の創出は不可欠である。しかし、市場参入や新商品投入のタイミングは早すぎても遅すぎてもいけない。その意味では、わたしは新規事業の立ち上げでは何度も失敗や撤退を余儀なくされている。

日本の情報産業は八五（昭和六十）年の通信自由化（NTT民営化）を境に大きく変わろうとしていた。家庭の電話がいわゆる黒電話のレンタルではなく、自由に売買が出来るようになり、FAXが急速に普及していった。八八（昭和六十三）年には電話とFAXでデータ通信を同時に行うことが出来る総合デジタル通信網（ISDN）サービスが始まり、通信形態も一気に多様化していった。

ミロク情報サービスも日本ボイスメールという会社を立ち上げ、音声付きの電子メールやカード決済のシステムをつくろうと考えた。

これは後の情報料回収代行サービス（伝言ダイヤルQ2）のようなもので、留守番電話をイメージすると分かりやすい。電話をかけた相手が出なかったらお終いというものではなく、センターを介して登録された音声情報を聞くことによって、いつでも自分のメッセージを相手に伝えることができる。電話のかけ手側ではなく、受け手側の視点に立ったサービスは初めてということで当時は話題になった。電話を利用した人から伝言メモを聞いている間に自動課金された電話料金を徴収するというものだ。

わたしは一企業や個人の伝言機能だけでなく、国内外のメディアとタイアップすることによって、世界中の情報がいつでも自分で聞きたいときに聞けるというサービスを考えていた。これは丸紅など多くの企業が参入したのだが、先駆者となったミロク情報サービスは、後に日本で初めてのカード決済システムによる音声情報サービスとして郵政大臣賞をもらうことができた。

ところが、その後、ダイヤルQ2はアダルトサービスが横行し、社会問題にまで発展していく。わたしはNTTが回線を自由化して一般開放すると発表した時から、「アダルトサービスを利用した業者が急増するということは目に見えている」ということをNTTに散々訴えてきた。しかし、一旦解放してしまったものを止めることはできない。アダルトサービスばかりにダイヤルQ2の焦点があてられることに対して、わたしも徐々にやる気を失っていった。

しかも、アイデアは良かったのだが、肝心の技術が追い付かず、投資額ばかりが膨らんでいった。結局、われわれは撤退を決めることになる。

当社ではカード決済による代金回収を行う先進的なサービスを二つ行っていた。それが前述のボイスメールであり、インターネットのプロバイダー（ネット接続サービス）の料金回収サポート事業だ。

いずれ、人間はネットワークで結ばれる時代が来ると思っていたから、わたしは昔から通信回線を利用したサービスが流行ると思っていた。しかし、ビジネスというのは難しいものだ。これも参入するタイミングが早すぎたのだろう。結局、世間のニーズに合致するまで待っていられず、撤退を決めたのだった。

新事業の創出というのは本当に難しい。新商品やサービスを投入するタイミングは早すぎても遅すぎてもいけない。時代の要請に合致した時に初めて報われるものだ。だからこそ、多くの経営者が悩むところでもある。しかし、他社に遅れていてはいつまでたっても勝者にはなれないのも事実。この決断が最も難しいところだ。

何事にも原因があって結果がある

一方、真摯な態度で仕事に取り組んでいると、神は思いがけない幸運を与えてくれる。年号が昭和から平成に替わった八九（平成元）年、消費税が導入された。ミロク情報サービスにとっては、大きなビジネスチャンスがやってきたのだ。

消費税の導入によって、税理士事務所や会計事務所では、税制改正に対応した会計ソフトが必要になってくる。ミロク情報サービスは消費税導入に対応した新しい会計ソフト「消費税シミュレーション・システム」を開発・販売した。

それまでミロク情報サービスでは、ハードとソフトを一体化したパッケージ形式で販売していた。しかし、当然、ソフトが変わればハードも買い替えなくてはならない。そういうことでミロク情報サービスには買い注文が殺到した。

ただ、ユーザーからの問い合わせが殺到しても、営業は全て出払っている。それだけ忙しかったのだ。しかも、時代はバブルの真っ只中だ。お客さまも値段を聞かずに注文をとってくれたことは一度や二度ではない。新しい会計ソフトは、実に納品まで三カ月待ちという大ヒット商品となった。

当時、業界では消費税の仕訳計算の分類法をめぐって議論が分かれていた。というのも、消費税が内税か外税か、三%の利率に対して出た端数はどのように処理すべきなのか。こうしたケースの対処法に業界各社のシステム対応は混乱しており、対処法も企業によって異なるものだった。

しかし、わたしに言わせれば、消費税とは全体の売上金額に対してかかるものだ。

内税であろうと外税であろうと、どちらでも入力が可能なシステムを作り、最終的に、年間を通じて売り上げの三％が消費税額として算出されればいい。この時も、常にユーザー側の視点に立って商品開発を行うという伝統が活きた。

消費税導入の時はとにかく儲かった。業界では「神風が吹いた」とも言われていた。しかし、消費税特需には違いないが、一言で神風と片付けるわけにはいかない。開発者の商品開発の創意工夫があり、ユーザーの声を拾ってくる営業がいて初めて結果が結び付いてくるからだ。それを一括りに神風と片付けられては社員が可哀そうだ。

「因果律」という言葉がある。物事には何事にも原因があって、結果があるということだ。それはいい時も悪い時も同じだ。いい結果を得ようと思ったら、いい「縁」に出会い、その縁を大切に育てなければならないということだ。

生きていれば、悲しいことや苦しいことなど、いろいろな事態に見舞われる。しかし、そうした事態にも必ず原因があり、その結果をもたらした縁があるということをわれわれは考えるべきだ。そうして人は多くの困難をはねのけ、冷静に対処していくことが出来るのだと思う。

わたしはよく社員に水の話をする。水は〝H２O〟と書く。しかし、一言でH２O

といっても、水は温度という媒介によって液体だったり、気体だったり、固体だったりする。しかし、どれも本質的には同じH_2O。その時々の環境条件によって形を変えているだけである。人間の境遇も同じで、今があるのは過去に何をしたかによる結果だ。未来があるのは今何をするかによって決まる。

まさに〝蒔かぬ種は生えぬ〟のだ。

『将来像から逆算してニーズを掘り起こす』

インターネットなど通信手段が発達すると、企業のグローバル化はより一層進みます。ましてや、日本は人口減少の時代ですから、アジアなど新興国の成長をいかに取り込んでいくかで、企業の成長力も左右されてきます。日本企業の多くが海外を目指す時代ですから、ここから逆算して考えていけば、いま何をするべきか自らの役割が見えてくるはず。そこから商品開発やサービスを創っていけばいいのです。

グローバルな視点を持ったビジネスとは？

今の時代に求められているものは何か。ミロク情報サービスにとっては、その一つが中小企業の海外進出支援だろう。これまで当社はグローバルな視点がすごく弱かったと認めざるを得ない。

これまでの日本の情報産業は国内だけでも成長の余地があり、参入企業が多くとも各企業がそれなりに成長していけた。しかし、もはやビジネスは国境を超える時代になった。人口減の時代に入り、国内市場が縮小する中で、今後は中小企業も海外に目を向ける時代だ。情報産業にとっても、そのためのサポート体制が必要になってくるだろう。

ミロク情報サービスは日本企業の海外進出にどこまでサポートしていくことができるか。今こそ、その対応が求められている。

これから中小企業の中から世界を目指す企業が出てくるようになると、アジアではもう日本と同じような感覚でビジネスをするようになる。アジアも外需ではなく、内需として考える時代になるということだ。もっとも、市場縮小時代の日本にあっては、そういう市場づくりをしていくことが大事だと思うし、そのためには国の力を借りるなど、国のサポートが必要な場面も出てくるだろう。これからは官民一体となって日本の成長戦略を考える時なのだ。

これは何も情報産業に限った事ではない。欧米のグローバル企業というのは、会社を設立した段階から世界を視野に入れたビジネスを展開している。そうした意識を持っているのは欧米だけではない。昨今のサムスン電子やLG電子などの攻勢を見ると、韓国などの一部企業も同様だろう。最近ではベトナムやUAE（アラブ首長国連邦）での原子力発電所の受注で日本は敗れた。とりわけ、UAEで原発建設の受注を獲得したのは韓国企業だった。

わたしは非常に残念に思う。というのは、原発にしろ、水インフラにせよ、日本企業の環境技術は世界中の誰もが認める実力があるのに、それがインフラビジネス全体となるとイニシアチブをとれないからだ。他にも、水ビジネスなら、上下水道や工場排水処理、海水の淡水化などの「管理・運営」、プラントの「建設」、素材や部品の「開発・生産」といった関連産業を含めたビジネス全体となると、外国勢に国際競争で負けてしまう。それには国のサポートが必要になってくる場面も出てくるだろう。

今は世界同時不況と言われながらも、中国やインド、ブラジルなどの新興国は依然高い水準での成長を続けている。日本も海外マーケットの成長をいかにして取り込んでいくか、これは国全体での真剣な議論が大切であろう。

一つの案として、わたしはあくまでも民間の力が大切だが、民間の力が及ばないような時の相談窓口として、中小企業専門の「JETRO（日本貿易振興機構）」のような仕組みづくりが必要だと考えている。そして、全国の商工会議所でも海外ビジネス専門の相談員をより重点的に置いて、中小企業が国際的なフィールドに進出していけるような基盤作りが必要だと思う。

日本の存在感を高めるための議論を

現在、ミロク情報サービスには日本以外の拠点はない。しかし、今後は中小企業の海外進出を見越して、世界中の中堅・中小企業にどういうサービスが必要かを真剣に考えていかなくてはならない。その意味では、当社も海外進出を考えていかなければならないだろう。

税務にしろ、会計にしろ、アジアはまだ簿記に対する正確な知識を持ち合わせた国が少ないのが現状だ。わたしは将来的には東南アジアを成長の源泉と位置付け、各国で簿記学校のような仕組みが出来たらいいのに、と思う。いつまでも欧米がグローバルスタンダードになるのは悔しいではないか。日本の税制の仕組みを輸出する仕組みをつくり、それをアジアのスタンダードにしていくことが出来れば、日本国民の多くが勇気を持つことが出来るだろう。

ミロク情報サービスと同じように、ERPソフト（企業の経営資源の効率化を図るためのソフトウェア）を販売する世界的な企業の一つにドイツのSAPがある。SAPは販売および開発の拠点を五十カ国以上に展開し、五万人近くの従業員を抱えた巨大企業だ。実はSAPの創業は一九七二（昭和四十七）年だから、七七年に創業されたミロク情報サービスとほぼ変わらない。しかし、ミロク情報サービスの従業員はまだ一千人強。この彼我の差をわたしは身にしみて感じている。

われわれから見ると、自分たちで作ったソフトウェアの方がきめ細かくて、品質がいいし、値段も安い。ところが、彼らは始めからヨーロッパの市場を見据え、後にアメリカを始めとして世界中のマーケットに事業を展開していった。これはまぎれもなく、われわれとの意識の差によるところが大きい。

そして、SAPのマーケティング力はとても素晴らしいものがある。彼らは新たに営業をかける時、始めから業界のトップ企業を狙ってセールスをしていく。トップがシステムを導入すれば自然に同業者は後追いしていくからだ。そういうセールスをしているから広がりも早い。これはわれわれも大いに参考にするべきだ。

ＳＡＰのような世界的な企業になるにはどうすればいいのか？

これまで述べてきたことと矛盾しているように聞こえるかもしれないが、わたしはミロク情報サービスが世界に出るためにはまず、世界で通用する人材の開発・育成を急ピッチで進めること、さらに、日本での事業基盤をよりしっかりしたものに高めていくことが先決だと思う。それが結果的に、世界で活躍出来る百年企業に近づくための最も早い近道であろう。

われわれの挑戦はこれからも続いていく。そこには多くの苦労や困難が待ち受けているだろう。しかし、いかなる試練が訪れようとも逃げるわけにはいかない。一千人を超えた社員と共に、八千四百社の会計事務所と一万七千社の一般企業ユーザーと共に、そして一般株主、地域社会と共に、ミロク情報サービスは百年企業に向けて歩み続けていくつもりだ。

第2章
試練に立ち向かう

『上に立つ人物ほど頭を垂れろ』

「実るほど頭を垂れる稲穂かな」という言葉がありますが、経営者を始め、上に立つ人物ほど謙虚でなければなりません。しかし、経営者の多くは自己顕示欲が強く、見栄を張りがちです。しかし、会社は私物ではありません。自分たちの仕事を支えてくれる部下がいて、社員の家族がいます。多くの人々に支えられて生きているんだということを忘れてはならないと思います。

かつての親会社が倒産

「あなたの会社はどうなっているんだ?」

「ミロク経理は親会社だろ?　君のところも倒産ということじゃないのか?」

「高い機械を売りつけておいて、われわれはこの後どうしたらいいんだ?」

忘れもしない一九八六（昭和六十一）年八月十二日、ミロク経理が倒産した。会社更生法を申請したがうまくいかず、結局九月には破産に追い込まれたのである。自分にとっては、かつての親会社の倒産だから衝撃を受けた。また、社内にも相当な動揺が走った。


倒産の直接の原因は商品開発に失敗し、半年間売り物がなかったからだ。というのも、ミロク経理のオフコンはOEM（相手先ブランド製造）で製造されていた。ある時、OEMの製造メーカーを変更したのだが、これが上手くいかず、いい製品を作ることが出来なかった。

もう一つの原因が、当時はオフコンを売りこもうと全国の代理店を活用していた。営業マンは当然、最終ユーザーに売り込むことが目的なのだが、代理店制度では、代理店が一旦買い取るという形になるため、実際の商品が売れたわけではないのに売り上げだけは立っていく。そこで営業マンは代理店との契約があたかも主目的のようになってしまい、結果として、さばき切れない流通在庫が貯まってしまったのである。

この二点が原因でミロク経理は倒産に追い込まれてしまったのだ。

実はこの時、困ったことが起こった。ミロク情報サービスはわたしがミロク経理から全株式を取得して継承した会社だから、ミロク経理との資本関係は全くない。すでに業務上の提携も取引も全くなかったのだが、ミロク経理の倒産余波はミロク情報サービスにも直撃した。

当時のミロク情報サービスは売り上げも50億円くらいになり、社員も二百名近くまで膨らんでいた。オフコンのようなハードから会計システムなどのソフトもラインナップが充実してきたし、ユーザーの会計事務所の数も数千社ある。これだけの規模やネットワークを構築するために、一体どれだけの時間がかかってきたのか。だから、当初はこれだけの有形・無形の資産があれば、ミロク情報サービスには大した影響もないという計算がわたしにはあった。

ところが、そんな目論見は見事に外れたのである。

当時取引のあった金融機関は、第一勧業銀行、大和銀行、横浜銀行、三菱銀行、北海道拓殖銀行、埼玉銀行の六行。六行の金融機関が次々に調査にやってきた。また、多くのユーザーや取引先の関係者からも問い合わせが相次いだ。

ミロク経理の倒産は八六年八月のことだった。そのあおりを受けて、ミロク情報サービスの九月と十月の売り上げは半減し、新規の顧客獲得が困難な状況に追い込まれた。結果、十一月と十二月に借り入れを予定していた金融機関二行から融資を断られてしまう。

それでも十一月は何とかぎりぎりのところで乗り切った。問題は十二月に入って、年の瀬も押し迫ってきてからである。資金繰りがどうにもこうにもならなくなったわたしは腹をくくった。当時提携関係にあった大手商社に「増資をしたいから協力してくれ」と申し入れをしたのである。

しかし、ここで返ってきた言葉は「すぐには判断出来ないから三カ月待ってくれ」ということ。しかし、わたしにしてみれば、とてもじゃないが三カ月も待ってはいられない。三カ月もしたら本当に会社がつぶれてしまう。会社の資金繰りはそんな状況だった。

「倒産する」との噂を流されて……

その間にも、ミロク経理の子会社は次々に連鎖倒産していく。ある同業他社からも嫌がらせを受けた。

「ミロク情報サービスは本当に危ないらしい。今のうちに当社に契約を変更したほうがいい」といった噂を流された。

わたしは心中密かに「この落とし前はどこかで必ず付けてやる」と思いながら、我慢するほかなかった。この時期、わたしは自宅に帰ることが全く出来なかった。そういう状況が続く中、顧客から高額のコンピューターを買ったのに壊れたら誰に相談すればいいのかといった苦情が持ち込まれ、本気で身の危険を感じることもあった。

ともあれ、資金繰りだけはつなげないといけない。わたしを筆頭に役員は資金繰りに奔走した。その結果、何とか資金をつなぐことが出来たわけだが、三十年経った今でも、当時の社員の一致団結ぶりには本当に頭が下がる。厳しい時こそ、会社は一致団結しなければならない。バラバラでは破たんするのも必至だが、一致団結すれば危機も乗り越えられる。それが教訓として今も生きている。

わたしにとって人と人とのつながり、そして信頼しあうことの大切さを痛感できたのは、その後の経営者人生において非常に勉強になった。現在もそういう気持ちを再確認しているが、文字通り、四面楚歌の状態で、どのようにわたしが苦境を乗り越えてきたのかを整理してみよう。

世間は倒産したミロク経理と、わたしが経営しているミロク情報サービスが未だに資本関係にあると誤解している。そこから「ミロク情報サービスは危ない」という噂がたったのだから、世間の誤解をどう解きほどいていくか、わたしは懸命になって考えた。会社のため、社員のため、そして取引先を始めとする皆さまのために、何としても信用をいち早く回復する必要があったのだ。

そこでわたしは取引先の人たちに正しい事実を認識してもらうため、説明する機会が必要だと感じていた。そこで、わたしはユーザーである会計事務所や顧問先の一般企業ユーザーに、ミロク情報サービスは潰れない、大丈夫だということを信用してもらうために、ユーザー組織であるミロク会計人会で「全国統一研修会」を開催することを決めた。決めたというよりも、もともと開催予定だった研修会に金融機関や取引先を呼んで、「これだけのユーザーがいるから安心してください」ということをアピールしようと考えたのである。

問題はそこにどれだけの人が来てくれるか。

できるだけ多くの参加者を募ろうと考え、わたしは有名ホテルの大宴会場を借りようとしたのだが、ここでもホテル側から断られてしまう。いつ潰れるか分からない会社に、この大宴会場を借りられるだけの資金があるのか？　というわけだ。わたしはミロク経理の倒産とミロク情報サービスには何の関係もないことを主張したのだが、聞き入れてもらえない。「何くそ」と腹立たしい気分になったのだが、わたしは現金を1000万円用意し、結局、ここを借りて研修会を行うことにした。

その日は飽きることなく雨が降り続けていた。わたしは不安な気持ちで研修会当日を迎えたものの、幸いにもその心配は杞憂に終わった。全国からミロク情報サービスのユーザーが集まり、なんと千二百名収容の会場が満杯になったのである。

ユーザーや取引先の人々からは何度も何度も「頑張れよ」とか「われわれはミロク情報サービスを信用しているからな」と労いの言葉をかけてもらった。あたかも研修会はミロク情報サービスを応援する会のような様相を呈した。金融機関からも担当者に列席してもらったが、彼らもひとまず安心して帰っていった。

社員の中には涙を流して喜んでいる者もいた。わたしも心の底から感動した。

「本当に多くの人に支えられているものだ」

わたしはこの時ほど、多くの人に支えられていることを実感したことはない。

「絶対に社員や取引先の皆さまを悲しませることはしてはいけない。何としても会社を存続させ、蘇らせてみせる」と、わたしは固く心に誓ったのである。

『乗り越えられない試練はない』

人生には様々な試練が待ち受けています。仕事にやり甲斐を感じられない時や会社での人間関係に悩む時、また、時には感情的になって損をしてしまうことなど、職場は辛い場面の連続です。しかし、こうした試練や困難から逃れていては進歩も成長もありません。試練に真正面からぶつかっていく気概が大事だと思います。困難を乗り越えていくところに人間的な成長があるのです。

物事を突き詰めて考えてこそ活路が開ける

ミロク経理の倒産が避けられない事態になって、わたしの元には情報通信の大手メインフレーマー数社から提携の話が持ちかけられるようになった。つまり、傘下に入らないかという打診があったのだ。

会計事務所向けの市場というのは、現在まで多くの大手システムベンダーが参入を試みている。しかし、会計事務所向けのシステムというのは、単に汎用機を作って契約してもらうだけのビジネスではない。目まぐるしく変わる税法改正などの変化に対応し、毎年のように機械もバージョンアップしていかなければならない。当然、メンテナンスも必要。大いに手間暇かかる仕事である。しかも、こうしたサービスを提供しても何百億、何千億円というビジネスにはならないのだ。

わたしはかつて大手システムベンダーの首脳にこう言われたことがある。

「最初の一回だけならうちでも出来る。ただし、その後の仕事が大変で、メンテナンス要員など一カ所に何人もの人を張り付けていくのは大変なことだ」と。

そういうことで、数千社と取引のあったミロク情報サービスを手に入れることは大手メインフレーマーからしてみれば、「労せずして成果が得られる」というのが本音だったのだろう。

こうした誘いをもらったことで、わたしの気持ちも変わった。自分がオーナーであることにこだわらなければ、つまり、自分が身を投げ出す覚悟があれば、たとえ、事業を譲渡してオーナーの座を譲ることがあっても、何とか社員は救えそうだという気持ちになった。仮にどこかの企業の傘下になったとしても、最悪、社員が路頭に迷うことはない。しかし、一緒に苦労してきた幹部や役員は最悪解雇という、つらい立場に置かれてしまうだろう。そうさせてはなるまいと考え、わたしには開き直りというか、一種の覚悟のようなものが出来たのである。

物事を突き詰めて考えた時、人間にとって一番何が必要か――。

それは生きることであり、生き抜くことだ。生死の問題というのは、自分の意思や運命を超越したところにあるから、わたしが身を投げ出すことで社員が路頭に迷うことが防げるのならば、それでもいいと思った。裸の自分というのは、ある意味では小心者で、気が小さくて、臆病で、自律神経失調症になったこともある。だから、心を鍛えるしかないと思った。

そのためには自らが正しい振る舞いをし、正しい経営を行い、そして周りに信用してもらうことが先決である。当時、自分は正しいことをやってきているという自負があった。だから、手を差し伸べてくれる人が現れた時には本当に嬉しかった。

結果的にその時、手を差し伸べてくれたのはアルプス電気の創業社長・片岡勝太郎氏だった。わたしは悩みに悩んだ末、片岡氏に支援を要請しに行ったのである。

アルプス電気はミロク情報サービスと取引のある会社で、オフコンのOEM先メーカーとして、ミロク情報サービスはアルプス電気から機械を仕入れていた。

「とにかく助けてください」

わたしは片岡氏に低頭し、正直に事情を説明した。ミロク経理の倒産によって金融機関から融資を受けられない状態を説明し、自分の身は片岡氏に委ねるからミロク情報サービスをアルプス電気の子会社にするなり、好きにしてもらっていい。三カ月あればこの会社は必ず立ち直る、と説明に力を入れ懇願した。

「よし、分かった」

片岡氏はその場で財務担当の専務を呼びだし、資金協力を申し出てくれたのである。

「ありがとうございます。しかし、このお金はできるだけ使わないように頑張ります」

わたしは今でもこの時ほど、「救われた」と思ったことはない。この片岡氏との話し合いがミロク情報サービスを救う歴史的な場面となった。

片岡氏はアルプス電気のメインバンクである三井銀行に連絡し、経営指導念書を書きいれ、２億円の緊急融資をしてくれたのである。経営指導念書とは普通、親会社が子会社の経営責任をとるという約束をするものなのだが、片岡氏は当時、資本関係のなかったミロク情報サービスの緊急融資を引き受けてくれた。

後に片岡氏は「是枝君だから信用できた」と言ってくれた。もう片岡氏は還らぬ人となっているが、わたしは「一生、片岡さんには足を向けて寝られない」と今でも思っている。

人間は一人の力で生きているのではない

思わぬ援軍を得たわたしは文字通り、九死に一生を得た。危機に遭遇した場合、危機を乗り切るには関係者の意識の共有が大切である。関係者の意識がバラバラでは経営の方向性を見失ってしまう。ミロク情報サービスの社員も全員が危機意識を共有したことで、苦難を乗り切ることができた。

そうした社員の頑張りがあって、緊急融資から三カ月ほどした八七（昭和六十二）年三月には、約束した通り、ミロク情報サービスも元気な姿を取り戻すことができた。

しかも、結果として、ほぼ横ばいではあるが、八七年八月期の決算でも増収増益を達成することができたのだ。

この後、わたしはミロク経理の営業マンたちをミロク情報サービスに雇うことにした。いまは資金的に関係のない間柄とはいえ、かつての仲間たちが何人も残っている。そうした仲間たちの中で高い志を持った社員を迎え入れようと考えたのだ。

わたしはこの頃、まだミロク情報サービスは一般企業向けのコンサルティングサービスが十分ではないと感じていた。ミロク経理は一般企業向けの営業をしていたこともあって、営業スキルは高い。そこで質の高い営業マンを採用することができた。

わたしはまず社員に意識の変革を呼び掛けていった。生きているということはどういうことなのか？　やはり、人間は自分一人の力で生きているのではなく、天に生かされているのだと思う。生きていることに感謝することが大事である。

本質的に考えれば、例えば、わたしたち人間は自分たちだけの力で生きているように錯覚しがちだが、間違いなく水や空気があって生かされている。われわれが人間として生を授かり、両親から誕生したということだが、その誕生の確率は気の遠くなるような確率だ。自分はなぜ今ここにいて、なぜ生きることを許されているのか？　それを考えていくと両親を含め、いろいろなことに感謝したくなる。人生に紆余曲折はあって当然だが、感謝の気持ちを持って試練を乗り越えていくところに、人間的な成長がある。

試練が人を鍛える。試練の積み重ねが人を謙虚な生き方に仕向けていく。わたしを始めとし、ミロク情報サービスの社員が学んだ教訓である。

『不屈の精神で生き抜く』

人間の欲望は尽きることがありません。時には人を妬んだり、恨んだりすることもあるし、また、思いがけないところから誹謗中傷を浴びることもあります。そういう営みの中で、自分への反省をすることが大事です。いつも自分は正しいと思いこみ、他人への不満を持つだけでは、マイナスの影響を被るだけです。何が正しくて、何が正しくないのか。物事の本質を見極めようと努力をし、正しい道を進んでいくことが大切です。

ライバルからの横やりに耐え

物事には競争がつきものだ。市場経済の中では、競合他社などから有形無形の圧力をかけられることも多々ある。

わたしがミロク経理に入社した当時、会社は順調に成長していた。一九七〇年代は年々、売り上げが倍々ゲームで伸びていた。しかし、わたしは「今後は電子計算機などを利用するコンピューター化の時代がやってくる」と感じていた。ミロク経理も単に伝票を売るだけではなく、コンピューターと融合させた新たな会計ビジネス（＝ＥＤＰ会計）が必要になると考えたのだ。

当時は、ＩＢＭなどの海外勢に圧《お》されてはいたものの、日立製作所や富士通、ＮＥＣといったメーカーもようやく、国産コンピューターの開発・販売を始めるようになっていた。まさに日本メーカーも国際的な競争に名乗りを上げた頃だった。

この頃から、わたしはミロク経理にコンピューターを導入しようと考え、幹部に何度も自分の考えを伝えに行った。会計処理をコンピューターで行わせることによって事務処理能力を高めれば、ミロク経理の顧客である会計事務所にとっても、これまでの何倍もの仕事がこなせるようになると考えたのだ。

しかし、わたしが何度提言しても役員からは「そんなことより、もっとミロク票簿の販路を広げてくれ」というつれない返事しか返ってこない。一人を除く古い経営陣はコンピューター化を推進しなくとも、従来の伝票会計システムで会社は成長できると考えた。いわば、従来の成功体験にあぐらをかいていたのだ。

わたしの願いが叶い、ミロク経理にコンピューターが導入されたのは七〇（昭和四十五）年のことだった。初めに訴え続けてから実に五年もの歳月が経過していた。

取引先にあたる税理士業界の中でも、コンピューター導入への機運は高まっていた。会計事務所が端末機で入力した、顧問先の仕訳データを計算センターの大型コンピューターで一括処理した方が、数多くデータ処理が行えるからだ。同業でもＴＫＣなどは、すでにコンピューターを導入して計算センター方式による、計算処理の手数料を得る受託計算ビジネスをスタートさせていた。

とにかく、ミロク経理でも計算センター方式の新しいＥＤＰ会計システムをスタートさせた。他社に遅れながらも反転攻勢に出ようとした、そんな時だった――。

「税理士向けのＥＤＰ会計はやらないでくれ。その代わり、おたくから伝票会計を購入し、その帳簿をもとに入力システムとして使うようユーザーの税理士に言うから」

コンペティターのＴ社から提案があったのだ。つまり、ミロク経理が受託計算ビジネスに参入することが分かって、正面から取引を持ちかけてきたのである。その場合、ミロク経理が新たに開発したレーダーチャートなどの使用料も払う、という交換条件である。今から考えると、これはミロク経理を税理士・会計士事務所の業界に参入させたくないという意図があったのだ。

ミロク経理にとって、受託計算システムはまだこれからの事業だから、その時点での主要業務は伝票会計ビジネスだ。会社はその提案を呑むことにした。ところが、その後、一年近く経ってから急に注文が来なくなる。ミロク経理はだまされたのである。

中小企業の発展のために尽くす

その会社は約束を反故にしたどころか、その直前にミロク経理の社員二人を独立させてミロク経理の伝票をつくらせていた。ミロク経理の武器である票簿会計を直接印刷させ、自らそのビジネスを手掛けようと考えたのである。世はコンピューターの導入機運が急速に高まっていた時代。一年間の販売機会をロスしたことで、出遅れたツケはあまりにも大きかった。

ミロク経理が中小企業向けのＥＤＰ会計を始めるにあたって、中小企業と直につながろうとしている。そうなったら、中小企業のデータをミロク経理に持っていかれて、会計士や税理士の先生方の仕事を奪ってしまう。彼らは彼らなりにミロク経理に対して、このような危機意識を抱いていたようだ。

当時の会計士や税理士というのは、長い経験から裏打ちされた勘を頼りに、顧客の帳簿上のミスを瞬時に見抜き、正しい計算資料を作成する。いわば職人芸のような世界だった。会計士や税理士にとっては、「機械化されると職人の勘は必要とされなくなる。自分たちの仕事が奪われてしまうのでは？」と感じた人も多かったのである。

しかし、われわれは早急に真実を伝え、信用回復にあたらなくてはならない。回復のために出来る限りの手を打った。

当時、ミロク経理では会計事務所から顧問先の企業名が入力された紙データをもらっていたのだが、これを名前が一切分からないような形で記号化（コード化）していった。そうすることによって、われわれは企業名が分からないため、顧問先をとるようなことはしないという態度を表明していったのである。

会計事務所が依って立っているのが顧問先の中小企業だ。だから、中小企業を発展させるために会計事務所の機能を拡大していかないといけない。会計事務所の仕事を奪うのではなく、中小企業が発展するなら会計事務所も発展するために事業を拡大できるじゃないか、というのがわたしの考えだ。

そうした紆余曲折があって、七二（昭和四十七年）年、ミロク経理は会計事務所向けにＥＤＰ処理システムを開始したのである。

『答えは常に現場に在り』

物事の本質を見極めるためには、縦横斜めいろいろな角度から物事を見る必要があります。提出されたデータや書類は本当なのか？　市場では何が起こっているのか？　そうした答えというのは全て現場に行って判断しなければなりません。政治家や官僚は現場を見ずして、たった一つの物差しだけで物事を判断するからおかしなことになるのです。多面的な解決方法を考えることで、物事の本質が分かってくるのだと思います。

まずは彼我の差を知ることから

技術の進展は本当に早い。

一九七〇年代、ミロク経理は業界に遅れながらも、ＥＤＰ処理システムによる新しいビジネスモデルに挑戦しようとしていた。一方、世間ではオフィスコンピューター（オフコン）という新しい機器が開発され、業界の話題をさらっていた。

オフコンとは小型の事務処理用計算機のことで、カードや紙テープを入力媒介にせず直接入力する小型コンピューターである。一台の大型コンピューターを使った計算センターによる計算受託システムではなく、自分たち個々の事務所内で即座に財務諸表の印刷が出来る。高額な大型コンピューターに比べて、使い勝手が良く、価格も安いということでオフコンが主流になり始めたのだ。

当初一台１０００万円ほどしたオフコンも、コンピューターメーカーや事務機器メーカーの相次ぐ参入によって低価格化が進行した。登場からわずか数年で、一気に３００万円ぐらいにまで価格も低下していった。３００万円といえばリースにすれば月額６～７万円くらいだ。つまり、顧問先の企業数によっては、自分たちでオフコンを導入した方が、計算センターに委託するよりも安い場合が出てきたのである。

オフコンの普及はわたしの予想を上回るスピードで広がっていった。当時、ミロク経理の販売する端末機は一台70万円くらいした。ところが、最先端のオフコンを導入すればリース料は6～7万円で済むのだから新規の顧客が獲得できない。計算センターの端末は徐々に売れなくなり、計算センター業務がどんどん減少していくのも当然といえば当然だった。

顧問先の企業数が多い会計事務所ほど、処理能力が求められるのだから次々にオフコンを導入していく。皮肉にも計算センターへの処理手数料を払ってくれていたお得意様から、真っ先に抜けていくのだ。

ちょうどこの頃、会計事務所市場にもＴＫＣのような企業だけでなく、日本デジタル研究所（ＪＤＬ）のような会計事務所専用のオフコンを手掛ける新興企業が現れていた。

七三（昭和四十八）年六月にミロク経理は米コムシェアと提携し、コムシェアが開発した大型コンピューターを導入し、10億円もするコムシェアの「ＴＳＳサービス」を導入することが決まっていた。

コムシェアのＴＳＳサービスとは、データベースを蓄積し、順次新しいデータを構築できる優れモノ。リモートコントロール・システムやタイムシェアリング・サービスといった、全く新しいシステムを導入することで、ミロク経理の売り上げ増を図ろうという考えがあった。

ところが――。

ミロク経理はコムシェアと契約を済まして、費用も払い込んだ。そして、いざ日本へ配送しようとコンピューターを船積みしている時、誰もが予想し得なかった事態が起こった。オイルショックである。

オイルショックは第四次中東戦争の際、アラブの石油産出国が原油の輸出価格を一挙に四倍まで引き上げたことで、世界的にスタグフレーション（不景気の物価高）を引き起こした。七四年の十月のことである。とくに高度経済成長の真っ只中にあった日本が受けた打撃は大きかった。国民はトイレットペーパーや洗剤、灯油、砂糖といった物資の買いだめに躍起になった。こうした商品の価格は乱高下し、日本経済はパニック状態に。企業も狂乱物価への自己防衛に懸命になり、リストラや経営の合理化などが行われた。当然、コンピューターへの投資意欲も急速に衰えていった。

事業撤退の決断

七四年にミロク経理とコムシェアは、約2億円の資本金で出資比率五〇%、五〇%の合弁会社を設立した。ミロク・コムシェアという別会社を設立して、ミロク経理から切り離したのだ。七六（昭和五十一）年、わたしは副社長という形でミロク・コムシェアに乗り込み、てこ入れを試みた。しかし、オイルショックの影響もあって環境は厳しい。これ以上、事業を継続するとミロク経理本体まで影響を被る。わたしは結局、ミロク経理の幹部と協議して事業を売却する決断をしたのである。三十代最後の年であった。

数々の交渉の末、住友銀行系の日本情報サービス（現・日本総合研究所）へ売却が決まった。わたしがこだわったのは、事業譲渡にあたっては売却先企業が社員を全員雇ってくれることが条件だった。こちらとしても責任があるわけだし、社員の雇用と収入はなんとしても守りたい、という気持ちが強かったのである。こうして、ミロク経理は約二十人のエンジニアと10億円近い高額の大型コンピューターを手放すことになったのである。その結果、ミロク経理に残ったのは巨額の赤字だった。

三十年以上経った今、当時を振り返ると、オイルショックという予想だにしなかった事態が発生し、やることなすこと全てが裏目に出てしまったように感じる。もちろん、去って行った社員に申し訳ないと思った。でも経営というのは時としてそうした非情な決断もしなくてはならない。あの頃は休む暇もなく毎日が過ぎていったような気がする。

七五（昭和五十）年に始めたミロク経理のオフコン事業は順調に成長していた。その代わりというわけではないが、七七（昭和五十二）年になると、ミロク経理は計算センター業務を行うジャコスと提携した。出資比率五〇％、五〇％の合弁会社を設立し、ミロク情報サービスが誕生したのである。

ところが、ここでも困ったことがあった。

これからオフコンの時代が来ると確信していたわたしの意見とは対照的に、計算センタービジネスを手掛けるジャコスは、オフコンという新規事業には乗り気でなかった。当然、オフコンの登場によって計算センターの重要性は薄れていく。そのため、ジャコスにしてみれば、自社の存在が脅かされると感じたオフコン事業には反対だったのだ。

実際、業界では財務専用オフコンの機能や事務処理能力が飛躍的に向上していくにつれ、計算センタービジネスだけを手掛ける企業は次々に淘汰されていった。わたしには毎月の手数料がかかり、スピード面で事務処理能力の劣る計算センター方式というビジネスモデルが限界にきているように見えた。

そうした状況の中でどうすればいいのか。

わたしは計算センタービジネスを終息させ、オフコン市場へ参入することを念頭に置きながらも、何が最善の策なのか頭を悩ませていた。また、コムシェアとのTSS事業同様、ジャコスとの合弁会社の出資比率を対等にしたため、親会社同士の主導権争いが難航し、方向性がなかなか決まらないといった弊害もあった。

このまま親会社同士の決断を待っていると手遅れになる。

わたしは七九（昭和五十四）年になると、ミロク情報サービス担当の常勤取締役となり、経営に直接関与するようになっていた。そこでわたしはミロク経理の社長と話し合い、社長にジャコスとの合弁を解消するよう決断を促した。そうして、ジャコスとの合弁を解消したのである。

ジャコスとの合弁解消後、わたしはミロク情報サービスの経営に専念することになった。もちろん、オフコンを事業の柱に据える新しい会計サービスを始めることが目的だ。

そして八〇（昭和五十五）年十一月、わたしはミロク情報サービスの社長に就任したのである。

市場が何を求めているのか、この先どのような方向に動こうとしているのか。そうした将来図を見通す力がないと経営はできない。たとえ、一度決めた提携や方向性でも市場の動向に合わせて随時修正していく必要がある。逆に、このままでいいのだろうかと不安を抱えながら、ズルズルといくことが一番いけない。経営者自ら現場に出て、時流を読む目を持つことが大事なのだと思う。

『自問自答を繰り返す』

人生の中には何をやっても上手くいかず、ひたすら我慢を強いられる時期が何度もあります。世間の冷たさ、自分に降りかかる苦難や煩わしさに耐えなければなりません。そうした時、上手くいかない理由は自分にあるのか、自分の欲望ばかりが先走り、自己犠牲や思いやりの精神を失っていないか、心の中で深呼吸して問いかけてみましょう。日々の暮らしに忙殺される時代。今一度落ちついて考える時間が大切です。

予想以上の変化に戸惑い

九〇年代に入ると、新しいネットワーク時代に対応した商品開発が次々になされていった。ミロク情報サービスでも会計事務所や一般企業向けではなく、新しい分野となる学校関係に向け「ＭＪＳ学校法人会計システム」を開発・販売。さらに会計事務所側の専用オフコンと顧問先企業側の汎用パソコンを通信回線で結ぶテレコミュニケーション会計システム「ＭＪＳ‐ＣＯＭＰＡＳＳ（コンパス）」や、専用サーバーに汎用パソコンを接続し、クライアントとしてネットワークを構築しながらワークステーションとしても活用できるシステム「マルチＬＡＮ」といった新商品を開発・販売していった。

ネットワーク化に対応したシステムの開発は今の世の中には欠かせない。わたしは現在のＳａａＳ（ユーザーが必要な機能や時間、期間を選んで使うことができるソフトウェア）やクラウドコンピューティング（インターネットをベースとしたコンピューターの利用形態）といった言葉が出る何年も前から、近い将来、必ず人と人がコンピューターのネットワークで結ばれる日が来ると確信していた。

もちろん、今から十年前や二十年前の段階で、ＳａａＳやクラウドといった呼称は想像していないのだが、コンピューターの歴史を見ればどうなっていくかある程度予想はできるものだ。

　コンピューターはもともと工場の生産管理など生産性向上のために使われていった。それがオートメーション化である。その次が企業のオフィス向けに出てきたオフィス・オートメーション（OA）化。次は人間そのものに関わってくる部分で、営業にコンピューターが利用されるようになるだろうと考えられる。それが現在のSFA（営業支援システム）やCRM（顧客管理システム）であり、そのツールとしてのパソコンであり、携帯電話のようなものだった。

　ただし、わたしは持ち運びができるための軽量化や高機能化には、正直もう少し時間がかかると思っていた。しかし、現実には、米マイクロソフトが発売したパソコン用のOSソフト「Windows」の登場で爆発的に時代が変わっていった。

　時代の変化はわたしの予想以上に激しかった。九三年三月期に183億円まで上昇したミロク情報サービスの売上高も、九四年三月期には167億円と減少。決算期を変更した八九年三月期を除いては、創業以来、初めての減収となった。この後、九五年三月期は179億円、九六年三月期は177億円と一進一退の状況が続いた。

これはバブル崩壊の影響が数年遅れでやってきたという業界全体の流れに加え、急速に普及するインターネットへの対応に当社が遅れたからだ。また、マイクロソフトが発売したOSソフト「Windows95」の出現によって、日本のネット環境は大きく変わっていった。ソフトの世界では、メーカーを問わずハードやソフトを自由に組み合わせることが出来るオープン化が進み、市場は一気にオフコンからパソコンへシフトした。

ところが、こうした流れがあるにも関わらず、ユーザーである会計事務所の反応は鈍い。彼らにとっては、これまで使ってきたオフコンの方が使いやすいからである。

難局を乗り越えた時に喜びがある

会計事務所の先生方は、まだ海のものとも山のものとも分からないネットワーク時代の到来についていくことが出来なかった。奇しくも、創業時に会計事務所が計算センター方式からオフコンにシフトするのが遅れたのと同じような現象が起こってしまったのだ。そうした時代の流れと現実のユーザーの声との意識のかい離にわたしは戸惑っていた。

旧態依然としたやり方にしがみつき変化を拒めば、衰退は必至。とはいえ、流されるまま確固たる志もなく踊らされていては、一時的にうまくいっても、やがて自滅するのは目に見えている。企業やそこに働く人たちも「不易流行」の精神で、変えてはいけないものと、変えるものは変えるといったメリハリが必要だ。変化に対応することを拒み続けていては、変化の激しい現代社会で生き残るのは難しいのだ。

しかし、ここで業界には小さな特需があった。九七（平成九）年に消費税が三％から五％に改正された。会計事務所や顧問先の企業は税制改正の対応を迫られ、従来のシステムを変更しなくてはならない。当社にも多くの受注が舞い込んできた。その結果、ミロク情報サービスは九七年三月期には売上高197億円（前年比一一・五％増）、経常利益17億円（同五八％増）と増収増益、過去最高益をあげることができた。

そうした矢先、わたしのもとには更なる難題が降りかかってきた。

「ミロク情報サービスのコンピューターは欠陥だらけ」という記事が、グレージャーナリズムで有名な某経済誌で報道されたのだ。

決して当社のコンピューターは欠陥商品ではない。ただ、コンピューターである以上、バグ（不具合）が生じたりすることもある。それなのに、ミロク情報サービスの商品だけが記事のやり玉に挙げられたのだ。

この報道がなされたのは、東証二部に上場する数日前のことだった。ミロク情報サービスはこうした報道の影響か、九七年八月二十八日の上場初日から連日ストップ安を更新。東証からは何度も説明を求められた。わたしは即座に兜倶楽部で記者会見を行い、身の潔白を証明してみせた。

今から思えば、神様はわたしに何度も試練を与えてくれる。当時は毎日がストレスの塊のようだったし、ものすごい恐怖心や不安感に襲われもした。だが、その分だけ自分が未熟なのかもしれないとも思った。だから、天がそういう場を与えてくれているのかもしれない。

こうした試練を乗り切った後にわたしが思ったことは、個人や企業として確固たる信念を持ち、誠実な態度で仕事に取り組んでいけば、必ず誰かが見ていてくれるものだということ。真摯な態度で仕事に取り組めば、必ず世間は理解してくれるのだ。

『最後まで諦めてはいけない』

努力しても上手くいかない時、わたしたちは嘘をつきたくなったり、ごまかしたりしたくなるものです。しかし、ここで留まる強い意志を持ち、忍耐や集中などのパワーを高める努力をし続けていると、ある日、突然視界が開けてくることがあります。そして不思議と、最後には誰かが救いの手を差し伸べてくれるのです。人生は最後まで諦めず、自分自身をコントロールする強靭な精神を養いましょう。

転機は突然やってくる

わたしに経営者意識が芽生え始めたのは、大学を卒業後に入社した東京オフィスマシンで仙台営業所に配属されてからだ。しかし、わたしは仙台に配属されてからの三カ月間、一台たりとも電動計算機（電気で動くメカニカルな計算機）を売ることが出来ずにいた。

真冬のある日のこと。わたしがいつものように雪の中を歩いていると、目の前には仙台市役所があった。わたしはそれまで訪問先というのは民間企業しか考えたことがなかった。わたし自身の経験として、これまで役所を訪れるのは、印鑑証明や住民票を貰いに行く時だけだったから、そうした発想が出てこなかったのかもしれない。

しかし、よく考えてみれば、東京だろうが仙台だろうが、自治体には予算があって、税金を管理する部署があるはずだ。ならば、計算機やシステムマシンが売れないだろうか？　そう考えて、わたしは市役所に入っていった。

市役所に入ると、目の前に「固定資産税課」という看板がぶら下がっている。わたしには税務の知識がないから、ここがどんな部署なのか見当もつかない。それでも軽い気持ちで中に入り、「すみません」と言って名刺を差し出し、係長に話を聞くことができた。斉藤さんという係長だった。

「わたしは事務機を販売している者なのですが、固定資産税についてちょっと仕組みを教えていただけないでしょうか?」

「仕事中だから後にしてくれ」

「後というのは何時くらいですか?」

「うーん、夜に来られても困るから、明日の朝、仕事が始まる前の十五分くらいでいいなら話を聞いてやってもいいかな」

「わかりました」

翌朝、わたしは三十分前に市役所に着き、女子職員と共に机の拭き掃除を手伝いながら、係長の出勤を待った。ここでわたしは斉藤係長から税金の仕組みについて、レクチャーを受けた。

土地や建物のような固定資産に対しては全て路線価のような評価額があり、それに一定の税率をかけて割り出したのが税金である。その固定資産の所有者が固定資産の所在する市町村に納めるのが固定資産税だ。それを一年に四回に分けて納めなくてはならない。更に、固定資産税と並んで、地方自治体の税金で大きなウェイトを占めるのは市町村民税、いわゆる住民税だ。そういうことを斉藤係長に教えてもらった。斉藤係長は実に丁寧に教えてくれた。それ以降、わたしは係長の親切心に甘え、何日も市役所に通うことにした。もちろん、わたし自身も図書館などへ足を運び、独学で知識を吸収していった。こうして知識を付けていくと、やはり、役所が潜在的に大きなマーケットであることが分かってきた。

わたしが販売していたのは、電動計算機とプリンターがつながったシステムマシンである。これなら税率を算出するのに使えるし、徴税令書の発行や税務計算にも使ってもらえるかもしれないと考えたのだ。

わたしが調べたところ、当時の自治体では、徴税令書の発行については、高千穂交易と日本金銭登録機（現・日本ＮＣＲ）の二社が販売する米社製の会計機が圧倒的なシェアを占めていた。しかし、この機械では計算が遅く、自分たちのドイツ製の機械の方が、計算が早くでき、必要な書類作成の時間も短縮できる。

「絶対に売れる」

わたしにとっては大きな発見だった。

飛躍のチャンスは自ら掴め！

それからわたしは地方自治体の徴税事務を一所懸命勉強した。では、自治体にどうやって売り込めばいいのか？　わたしの出した結論は地方自治体の徴税事務を一つの原稿にしてまとめ、一冊の小冊子を作って配ろうと考えた。

幸い、東京には税理士の勉強をしている同期がいた。その同期にも内容のチェックをしてもらい、小冊子の作製に取り掛かった。そうして完成したのが『地方自治体における徴税事務の機械化』という冊子だ。当時、こうした冊子をつくったのは、おそらく業界でも初めてだったと思う。わたしはまだ二十三歳、一年生社員だったのだが、必死に考えたのである。

冊子が完成してから、わたしが真っ先に駆けつけたのは、もちろん、斉藤係長のところだ。すると、斉藤係長も出来栄えの良さに驚き、とても喜んでくれた。

「これならうちの機械は絶対に売れる。いや、売り抜くんだ」

斉藤係長のお墨付きをもらったわたしは俄然やる気になった。わたしはわずかながらの販促費をもとに、東北全土の自治体へ小冊子を配送した。

効果はすぐに現れた。各自治体から問い合わせが来たのである。

ただし、問題もあった。わたしはさっそく問い合わせのあった自治体まで出向こうと考えたのだが、なにせ、その機械は計算機とプリンターを合わせると六十キロ近くになる。大変な荷物だ。重いなんて一言では済まないくらいの重さだった。仕事のチャンスだから嬉しいのだが、あまりの重さに時には嫌になることもあった。

しかし、わたしもシステムマシンを売るために必死だ。結局、それを梱包して汽車に乗せ、オペレーターの女性スタッフを連れて東北全土を回った。

小冊子が出来てから一カ月はあっという間に過ぎた。しかし、東北中の営業活動に追われながらも結果が出ず、わたしは焦り始めていた。いくつもの役所に言われたことは「どこの役所が買ってくれたの?」ということ。わたしは役所にありがちな横並び体質を実感し、「どこか実績が一つでもあれば絶対に売れるのに」と悔しさをかみ殺していた。

そこに救世主が現れる。東北での受注の第一号はやはり、斉藤係長のいる仙台市役所だった。ここで初めてわたしは競争入札というものを体験した。結果的に入札も通り、仙台市役所固定資産税課から正式に注文を受けることになったのである。仙台市役所が発注してくれたのは約60万円の卓上電動計算機だった。

初の受注は、わたしが仙台に来てからすでに半年が過ぎていた。

これは本当に嬉しかった。苦し紛れに飛び込んだのが市役所で、そこでまた親切な人に出会うことが出来た。本当にわたしは斉藤さんには感謝しきりだ。しかし、人は努力していると、最後には誰かが救いの手を差し伸べてくれる。わたしはつくづく人の縁というものを感じていた。

第3章
生き方の原点

『企業は社会の公器である』

社会の公器――。上場企業として真っ先に考えなければならないことです。昨今、企業の不祥事が絶えませんが、その多くはこうした原点を忘れているように見えます。上場を単なる資金調達の場だと考え、時価総額を増やしたいと考えるだけでは、その企業に将来はありません。会社は誰のためにあり、誰に支えられているのか？　言いふるされていることですが、お客様や従業員、取引先、地域社会、そして株主の皆さんのために会社はあるのです。

社員の努力に報いることのできる会社に

単に売り上げを伸ばし、利益を上げようということだけでは、会社は真の意味で伸びない——。

会社経営とは究極のＣＳＲ（企業の社会的責任）活動のようなものだ。当社の企業理念は豊かな生活をすること、文化活動に参加すること、社会的人格の錬成をすること、の三つだ。そのために会社があるのだということを考えれば、まさしく会社はＣＳＲを実現するための公器であるように思えてくる。

まして、上場企業であれば、不特定多数の人に株式や債券を購入してもらい、市場から資金を調達してくるのだから、より一層、企業は社会の公器であるという意識を持たなくてはならないと思う。

一九八六（昭和六十一）年にかつての親会社・ミロク経理が倒産すると、わたしはこの頃から財務基盤の確立が重要だと考えるようになった。どちらかというと、それまでは得意先の開拓をどんどん行い、販路をひたすら拡大していく、文字通り、〝イケイケ・ドンドン〟の経営だった。しかし、ミロク経理倒産で味わった危機が、わたしの考えを変えるきっかけになった。

従来、わたしは上場に関しては否定的な立場でいた。頭にあったのはサントリーや出光興産（当時）のように、非上場でも文化活動などで社会貢献を行っている企業のようになりたい、という願望があったからだ。上場してしまうと、株主の意見を尊重しなくてはならないため、売り上げや利益の数字ばかりに追われるようになる。人間社会に必要な文化活動などは、関わりにくくなると考えていたからだ。

資金調達を多様化して、世間的な信用力をつけるには、株式公開や上場が一番分かりやすい。経営の足腰を強化するには将来の上場が避けられない。財務基盤強化のためにも上場しよう、というのがわたしの出した結論だった。

そして一九九二（平成四）年、ミロク情報サービスは念願の店頭公開を果たした。実に会社設立から十五年目での公開だった。

ミロク情報サービスは、九〇年三月期に売上高128億円と初めて100億円の大台を突破していた。売り上げ増の勢いは止まらず、九一年三月期には147億円、九二年三月期は176億円、そして翌九三年三月期は183億円と急成長を遂げている。

ところが、とんだハプニングがあった。

本来は九一（平成三）年に店頭公開を予定していたのだが、証券業界の不祥事によって店頭市場の新規公開が全面停止になってしまった。バブルが崩壊し、野村、山一、日興、大和といった四大証券会社による大口顧客への損失補てんや総会屋への利益供与などが社会的な問題になったことで、株式市場への信頼感が揺らぎ、個人投資家を中心に株式離れが起こったのである。

ミロク情報サービスは十一月中の新規公開予定で、２７００円という公募価格も決まっていた。しかし、十月に証券会社の不祥事防止を盛り込んだ改正証券取引法が成立。そうした動きなども政治的に高まり、非常事態の様相を呈していた。このため、ミロク情報サービスの店頭公開も目前にして延期となってしまったのだ。

株式公開を目前にしての新規公開全面停止。わたしもこうした状況に唖然としてしまった。何より「株式公開」を合言葉に努力してきた社員の失望感は大きかった。目標を失ったことで、失望感や虚しさが社内を漂い、社員はどこを目指していいのか一瞬分からなくなったのだ。

結局、ミロク情報サービスが店頭公開を果たしたのは、当初予定から遅れること約一年、九二年八月二十七日のことだった。

しかし、この一年で経済状況は大きく変わっていた。それも、悪い方向へ。

バブルが崩壊し、日本経済は悪化の一途を辿っていた。景気回復の兆しは一向に見えない。ミロク情報サービスが店頭公開を果たした九二年八月二十七日は日経平均株価の終値が1万7555円だったが、直前の八月十八日には1万4309円と当時のバブル後最安値を付けている。まさに逆境の中での店頭公開だった。

證券業協会にとっては市場での信用を早く取り戻す必要がある。そこで優良企業のみを市場に公開しようと、審査基準を前年より相当厳しくする措置がとられた。そのため、公開準備に追われていた担当者もきつい作業が続いていた。こうした社員たちの頑張り具合や努力を見て、わたしは、何とか彼らの努力に報いる立派な会社にしたいと考えたものだ。

そして、念願の店頭公開へ。公募価格は1370円。実に前年の半値の水準だった。つまり、当初計画していた資金調達も半分しか入ってこないということである。資金調達を図る目的の会社にとっても大きな損失であるが、一方で投資家には思わぬ恩恵もあった。

時の宮澤内閣は約10兆円の経済対策を発表していた。株価は反発し、売り出し価格

1370円だった株価は取引開始の初日、2000円の初値を記録した。その後、株価は一気に3000円近くまで値を上げた。これには投資家の方々にも喜んでいただき、停滞が続いていた株式市場に久々の明るい話題を提供することが出来た。

上場直前の産みの苦しみ

産みの苦しみを体験しての株式公開だったが、これで少しは社員の労も報われたような気がした。また、株式公開の際には、苦しい時に資金提供していただいたアルプス電気にも、株価上昇で恩返しが出来た形になった。これには片岡氏も喜んでくれた。

何事も自分一人の力では出来ない。社員を始め、片岡氏や会計事務所の先生方、そして顧問先の中小企業関係者、商品開発に関わった取引先の方、みんなに感謝したいと思った。こうした方々のご協力があってこそ、ここまで来ることが出来た。これで本当の意味で、ミロク経理の倒産を乗り越えたという実感が湧いてきた。

わたしは以前から、株式を公開して初めて、本当の意味で、個人商店から一般企業になったと言えると思っていた。ここからミロク情報サービスは、公開企業として新たなステージに入っていくことになる。

九七年八月二十八日、ミロク情報サービスは東京証券取引所第二部に上場することができた。株式の店頭公開が創業十五周年、東証二部上場は二十周年という、会社の節々の記念の年に一つずつ区切りをつけていった。店頭公開はベンチャー企業という色合いが濃いが、上場企業に対する世間の信頼度は格段に違ってくる。それだけ上場審査や要求される基準も高くなってくる。とにかく、より一層高い目標を設定し、ミロク情報サービスは前へ進むという体制を整えていた。

しかし、経営にはいろいろなトラブルが発生するものだ。

当時、ミロク情報サービスの一〇〇%子会社で、エース印刷という大阪に拠点を置く会社があった。そこの社長をしていた税理士の先生が亡くなったため、わたしは常務をしていた人物に経営を任せることにした。月に一回、常務が東京へやってきて決済などを行っていたのだが、売上は長年横ばいが続き、赤字ではないが将来性が期待できない状態だった。そういうことで、いろいろ考えた結果、わたしは友人が経営する印刷会社に売却することにした。九六（平成八）年一月のことである。

事業を譲渡した後、登記などの変更が完全にはなされていなかったため、事務手続きがまだ残っていた。そういう時、経営を任せていた常務が行方をくらませてしまったのである。いわゆる夜逃げだ。

どうやら彼は簿外で手形を発行して、二、三の会社とやりとりしながら自分の懐に入れていたという話が聞こえてきた。当時、彼は自宅を購入しており、自宅購入の資金に充てていたらしい。それ以降、彼がつくった手形の取り立てが、わたしの元に何度もやってきた。

当初、わたしは4000～5000万円程度かと思っていたら、利子分の金額が雪ダルマ式にどんどん膨らんでいく。譲渡先の印刷会社や友人に責任や負担をかぶせるわけにはいかないので、結局、わたしが被ることにした。その額、実に5億円である。

わたしは大阪の弁護士事務所を訪ねて弁護士と協議を重ねた結果、会社を破産させることに決めた。正常な取引先の債務は全部払い、社員には事情を説明し、三カ月分の給料を渡し、全員退職してもらうことにした。三カ月で余裕を持って次の職場を見つけてもらおうと思ったからだ。

その経営を任せていた常務は信用金庫の出身で、わたしが本当に頼りにしていた人物だったので、裏切られた時はショックだった。最終的には取引先にも社員にも迷惑をかけることなく終わったのだが、この対応に追われ、結果として上場を一年延期することになった。

試練はいろいろな形でやってくる。そういう場面に出くわす度に、わたしは「会社は社員のため、お客様のため、ひいては社会のため」という思いを強くしていった。ところで、試練の後には素晴らしいこともある。苦労して上場を果たしたのだが、この上場を機に、一気に新卒採用の求職者が急増した。これまでは求人募集を出しても人が来ない状態がしばしばあったのだが、人気は急上昇。九七年の新卒採用者は四十三名、翌年は六十二名の新戦力を獲得していった。会社の知名度も向上。上場効果はすぐに出た。

『とにかく行動してみる〜阿頼耶識《あらやしき》〜』

「無の境地」という言葉がありますが、仏教用語にも「阿頼耶識」という言葉があります。善でも悪でもない「無」の世界のことです。人間はそれまでの経験や価値観によって主観的に物事を判断しがちですが、一度、心をニュートラルにして物事に取り組むとより深く見えてくることがあります。人間の柔軟性を持つためにも、真理を究める第一歩として、この言葉を取り上げました。

羞恥心を捨てて物事に取り組む

自分が新人や若手社員の頃というのは、上司や先輩からいろいろな雑用を頼まれることが多い。時には、自分は忙しく働いているのだから、自分でやってくれよと反論したくなることもあるだろう。しかし、「こんなことが何の役に立つのか？」と、不平不満を言う前に、まずは自分で動いてみることだ。

こうした雑用をこなすことによって、人を見る眼や能力が知らず知らずのうちに磨かれていくものだ。二十代、三十代の若い時に様々な経験をしていると、その経験が後に生きてくる。

わたしはそのことを新人研修で体験している。


「東京オフィスマシン株式会社　営業部　是枝伸彦」

「声が小さい！」

「東京オフィスマシン株式会社！　営業部！　是枝伸彦！」

「よし、次」

「東京オフィスマシン株式会社！　営業部！　○△■☆」

「もう一度！」

一九六〇（昭和三十五）年、わたしは社会人の第一歩を刻んだ。

新入社員には、新人研修という名のトレーニングが待っていた。

新人の一日は朝七時にやってきて、会社のシャッターを開けることから始まる。もちろん、今のような電動シャッターのスイッチを押すのではなく、手動のシャッターを持ち上げていくのだ。まずは、誰が一番早く来るかをそこで競争させられる。採用試験の面接で「朝七時に来れますか？」と聞かれたのは、このためだった。

その頃、わたしは兄の家に下宿をしており、そこから会社に通うには少し時間がかかった。わたしはいつも二番だった。一番早く来ていたのは、自宅も近い同期の田中宏幸だった。実は、お互いに顔は知らなかったのだが、田中とは同じ中央大学法学部出身。しかも、後に田中は副社長としてミロク情報サービスの経営にも参画することになるのだから、人生は面白い。それが、わたしと田中との出会いだった。

会社のシャッターを開けると掃除が始まる。掃除が終わると、新人は休む間もなく、銀座から皇居をマラソンする。マラソンは三十分ほどで走り終えるのだが、問題はここからだ。

マラソンが終わると、新人は路上で横一列に並ばされ、軍隊式の点呼を行うことになっていた。新人は銀座のど真ん中で自分の名前を名乗らなくてはならない。名乗るというより大声を張り上げなければならなかった。これが、わたしには強烈な記憶として残っている。

というのも、会社で新人教育係を担当していた上司は、みな海軍兵学校や商船学校、陸軍士官学校の出身だった。係長だけは違ったものの、課長クラスはみなこれらのOBだ。当然、軍隊式の教育法だから、かなりのスパルタであった。

わたしはまだ声が大きい方だったのだが、中には理系出身で声の小さい人もいる。また、時間帯が八時過ぎということで、ぼちぼち通勤のサラリーマンが周囲を歩き始める時間でもある。歩行中の人からは奇異な目で見られることも多く、恥ずかしさで声を落とす新人もいた。しかし、声の小さい新人には容赦なく罵声が飛ぶ。上司に怒鳴られ、腹の底から声を出すことを強いられるのだ。

営業マン教育だから羞恥心を捨てろ、ということである。

上司は掃除のチェックにも厳しかった。床のほこりを人差し指でなぞり、洗面所の水アカまでチェックする上司もいた。

実は東京オフィスマシンの新人研修は有名だった。こんなことをする会社は他にないから、ユニークな新人研修だとして、週刊誌に取り上げられたからだ。会社としては評判になるからいいのだが、われわれ新人にしてみればたまったものではない。わたしは毎日、とんでもないところに来てしまったと感じていた。

発声練習が終わると、八時半くらいからようやく一般的な研修が始まる。機械の単語や性能にはじまり、簿記の計算、英話による専門用語、漢詩のようなものまで、新人はいろいろな知識を必死に覚えていく。研修は夜の七時、八時まで続いた。そんな生活が入社前の三月から五月まで、三カ月間毎日続いていくのだ。

話はそれるが、海軍兵学校上がりの上司は英語の発音も上手かった。海外から電動計算機や事務機を輸入していたから、必然的に英語の上手な人もいたのだろう。英語が苦手だったわたしは英会話が出来ないので、上司に対し、何度も心の中で「ちくしょう」と叫んで、悔しさをかみ殺していた。

一心不乱に行動して身につくもの

今から思えば、大学を卒業したばかりの新人というのは、実務的な能力は何一つ身についていない。だから、研修では一般的な教養や漢詩のようなものまで教えられるのだが、若かったから「何で会社に入ってまでこんなこと聞かされなきゃならないんだ」と初めは不満に思っていた。

しかし、毎日研修を行っていれば路上での発声練習に対しても、羞恥心が無くなってしまう。初めは声の出なかった人ですら、何日かすると、大きな声を出せるようになるのだ。わたしも初めは嫌だったが、ビジネスの基礎を早いうちに徹底的に学んだことで、後々の飛び込み営業や今の仕事でもとても役に立った。

ところで、昭和六十年頃、ミロク情報サービスでは「アトム研修」と呼ばれ、自分で目標を掲げて挑戦する〝地獄〟の社員研修が行われた。当時、ＦＡＸを開発していたメーカーが主催で、メーカーが関係する企業の営業マンを徹底的に鍛える二泊三日の研修だった。研修の社員は数メートル先に立っているメーカーの担当者を顧客に見立てセールストークを行う。声が小さかったり、疑問点があると容赦なく罵声が飛んでくる。まさにわたしが東京オフィスマシンで学んだ軍隊式の研修のようだった。

うちの参加者は「地獄のようだった」とか「二度と来たくない」と口を揃えていたものだが、自ら通常の二倍くらいの目標数値を掲げて、理屈抜きの環境に身を置いて頑張ることで、ひ弱に見えた社員が何人も逞しくなっていった。結果的にほとんど全ての社員が目標を達成することが出来た。そうした社員の頑張りに、わたしも思わずジンときてしまったことを覚えている。

理屈抜きの環境で、とにかく一心不乱にやってみる。〝無の境地〟に自分を置くことで自分が成長できることは多い。

『無知を自覚すれば学ぶことが出来る』

わたしたちはともすれば自分の小さな知識に固執し、人の話を受け付けず、自分こそが正しいと思い込みがちです。しかし、実際はほとんどのことを知らないといってもいいでしょう。わたしたちは何も知らないという「無知」を自覚すること、そうした謙虚な心を持てば、人の話を聞こうと思うし、勉強しようと思うようになります。そして、一心不乱に勉強すれば必ず自分の力になるのです。

悩むより前に動け！

何事も一所懸命に打ち込んで仕事をする——。

苦い思い出と共に、仕事の本質とは何かを認識させられる出来事があった。

東京オフィスマシンの仙台営業所に勤務していた頃のことだ。仙台でも小規模なビジネスショーが開催され、東京オフィスマシンもそこに出展することになった。

わたしは会社のことを、社名を文字って「ＴＯＭ（トム）」と呼んでいたのだが、自分の名刺に「ＴＯＭ　システムコンサルタント」という名称を書きこんでいた。競合他社の営業マンに負けじと、初めて会うお客様の記憶に残りやすいような工夫をこらし、何とかお客様の眼にとまってくれたらと考えたのである。

その時出会ったのが、当時、東証二部に上場していた東北電気製鉄という会社だった。岩手県の和賀仙人という場所に工場があり、機械化によって原価計算のための新しいシステムを作りたいという話があったのだ。

「コンサルタントということはタダで見てもらえるんですか？」

「ええ。やりますよ」

わたしはそんな会話を交わして、後日、工場へ出向いた。

和賀仙人は岩手県の中でも雪深い場所として知られる。いわゆる山奥の工場だということで、わたしは田舎の町工場を想像していた。ところが、会社は本社が銀座にある上場会社だった。工場につとめる従業員を含め、社員は七百人近い。わたしはそんな大きな会社だと思っていなかったので、驚いたというよりもビビってしまった。

工場長や担当の会計課長から受けた相談は、原価計算のシステム作りについて意見が欲しいというものだった。彼らはわたしのことを専門のコンサルタントだと思い込んでいるが、わたしは決してコンサルタントではない。それに加え、新人研修で簡単な簿記の勉強はしたものの、わたしには専門的な工業簿記の知識もなければ、原価計算のやり方も知らない。かといって、正直に何も分からないという訳にもいかない。

そうした状況の中で、わたしが咄嗟に発した言葉は、「わかりました。今スケジュールが立て込んでいるので二週間待って下さい」というものだった。もちろん、翌日以降もスケジュールは空いていたのだが……。

悩むより前に動け！　仙台に帰ったわたしは、さっそく仙台経理専門学校という専門学校を訪ねた。そこで短期間に工業簿記と原価計算を教えてくれるよう頼みに行ったのだ。

受付の担当者は親切に対応してくれ、社会人のための夜間コースで半年間の短期コースがあると言ってくれた。しかし、わたしにしてみれば半年間も待っていられない。わたしは無理言って、会計士の先生に直接会って事情を説明し、二週間の個人特訓を受けさせてもらったのだ。

この二週間、わたしはほぼ毎日、徹夜で勉強した。専門学校に通うだけでなく、自分で原価計算や工業簿記の本を買ってきた。それを何度も何度も読み返して、頭の中にひたすら叩きこんでいった。前年の新人研修で基本的な簿記のことは勉強していたから、基礎の基礎は理解している。その上で、専門的な知識を習得するのだ。

例えば、工場の材料費や労務費などの経費を考慮し、製品が出来るまでのプロセスを見極め、新しい機械を導入した時の改善フローチャートを書いて、帳票設計をする。そうやって、いわば理論武装をするための、専門学校での集中特訓はあっという間に終わっていった。

ないないづくしの状況から逃げない

わたしは決心して、再び和賀仙人の工場を訪れた。今でもわたしの心に残っているのが、その時降りた駅が無人駅であることと、雪が二メートルぐらい積もっていたということだ。東北の雪景色を前に、わたしはこれから待ち受ける壁は相当高いなと思いながら、改善点はどこかということに神経を集中させ、工場に入っていった。

わたしはどうにかこうにか、四日間の現場調査を終えた。付け焼刃で乗り込んだ、わたしの初めてのコンサルタント業務はあっという間に終わったのである。

その後、仙台に戻って十日間ほどで改善案をまとめ、わたしは手書きで二十ページくらいの改善書を持参した。三度目の和賀仙人入りだ。

わたしを待っていた工場長と会計課長は、わたしの改善案に目を通す前からいきなりこう切り出した。

「ご苦労さまでした。是枝さんには報告していませんでしたが、実は本社で他社から同じ見積もりを出してもらっているので、結果は後から報告します」

わたしが競合他社（ＮＣＲ）の改善書を見せてもらうと、表紙まで立派に印刷された分厚い改善書になっていた。わたしは自分が作成した素人の改善書との違いに愕然とすると同時に「自分は当て馬にされたのか」と思って、カチンときた。

ただ、よく見ると、他社の改善書は機械の性能について書かれているような、いわゆる出来あいのものだ。一般的な改善提案はなされているが、東北電気製鉄にとっての個別の問題解決にはなっていない部分も多かった。それに対して、独学とはいえ、わたしの提案書は東北電気製鉄にとって問題はここにあり、新しいシステムを導入することによって会社はこう変わる、ということが丁寧に書いてあった。当然、わたしも素人なりに精根込めて書いたつもりだった。

するとと面白いもので、一週間後、東北電気製鉄から東京オフィスマシンのシステムを採用したい旨の通知が来た。わたしは本当に驚いた。ただし、担当者は「本社の稟議にかけることになるので、東京にある銀座の本社で担当者に説明をしてくれ」という。わたしは東京で十数人の役員の前で原価計算システムの提案をし、東北電気製鉄は正式に採用してくれたのだった。

システムマシンが工場で採用されたのは、わたしにとって初めての経験だった。当時のわたしの月給は1万6000円。一方でマシンは約150万円もする。大型セールスに成功したのである。

自分で問題点を考え、システムを導入した場合としなかった場合の予測を立てて、改善提案をしていく。そして、幸運にもそれを採用してくれたものだから、わたしは仕事が面白くなった。そこでは、多少の度胸もついた。

今から考えると、仙台営業所時代は、上司も頼りない、商品も売れない、予算もない、という〝ないないづくし〟の状況だったが、だからといって、わたしはここで諦めるのではなく、新しいマーケットをどのように創っていくべきか必死に考えた。自分でも勉強したという自負があるし、ある種の経営感覚も身についた。この時の体験が、間違いなくわたしの経営者人生の原点になっている。

人生とは分からないものだ。東京オフィスマシンという会社に入ったことで会計システムと出会うことになった。「まさか自分はないだろう」と思っていた仙台営業所に配属され、そこでコンサルティングセールスというものを身につけて、市場開拓の手法を習得していく。そうやって、わたしは経営感覚を磨いていった。まさに、わたしにとって、この一年半は後の人生を左右する大きな分岐点だったのである。

『人には愛情を持って接する〜慈悲心〜』

人間の人格形成上、両親の教えや生まれ育った環境というものが大きく影響してきます。わたしも幼い頃、両親に厳しく躾けられたことが現在に活きています。安易な優しさや甘やかしではなく、厳しく躾け、時には厳しく叱りながら育てていく「慈愛」と、子供や家族のため見返りを望まずに、無限の愛を降り注ぐ「悲愛」。われわれは、こうした二つの「慈悲心」を心の中に持って生きるべきです。

叱ることの裏に隠された愛情を感じよ

鹿児島県南西部に浮かぶ離島・甑島（こしきじま）。一九三七（昭和十二）年九月十一日、わたしはこの島で生まれた。

甑島はわたしが生まれた当時は「薩摩郡下甑島村」だったが、現在では「薩摩川内市下甑町」になっている。わたしの生まれた頃には最大一万五千人が住んでいたものの、現在では約六千二百人しか住民のいない小さな島だ。

島は年間を通じて気候は温暖で、アコウなど南方系の植物が生い茂る。ヘゴと呼ばれる大型の木性シダは天然記念物に指定され、甑島は「ヘゴ自生地北限地帯」の指定を受けている。今ではクルージング観光やダイビングのメッカとして有名だが、台風銀座と言われるほど台風被害が大きく、毎年夏になると、島民の生活を苦しめることでも知られている。

幼少期のわたしは落ち着きがなく、やんちゃ。わんぱくで気の短い一面もあったような気がする。

わたしが人生でいちばん影響を受けたのは母親だ。その母がよく祖父の話をしていた。父方の祖父は万屋のような商売をしていて、一代で財を築いた人物。貧しかった祖父は若い頃に柳行李一つで行商に行って商売を始め、鹿児島や宮崎に店舗を構える百貨店の山形屋にも出入りをしていたらしい。祖父がいかにやり手だったかということを何度も聞かされたものだ。

そして、祖父には参政権もあったから、母は政治に関心を持っていた。

明治時代、日本では一定額以上の税金を納めた国民でないと参政権が与えられていなかった。つまり、選挙投票できるというのは一種の特権だったのだ。ちなみに日本で男子の選挙権が認められたのは一八八九（明治二十二）年であり、女性にも参政権が与えられたのは一九四五（昭和二十）年のことである。祖父が参政権を持っていたことは、母の自慢でもあった。それで母は選挙に強く興味を持ったのだと思う。

ちなみに、母方の祖父は網元をやりながら小学校の初代校長をつとめた人物で、いわゆる地元の名士であった。

母は近在の農家から村会議員のような人まで幅広い付き合いがあり、社交的な人だった。肝っ玉かあさんのようなタイプだった。一方、父は祖父の店を継ぎ、帳場にじっと座ってソロバンをはじいていたという謹厳実直な親だった。

小学校（旧制国民学校）になると、わたしは海で泳いだりしてよく遊んだ。店番をさせられるのが嫌で余計に遊びに夢中になった。その反面、父からゲンコツを食らうことも多かった。店のお菓子を持ち出しては父に怒られ、ケンカして泣いたり、メソメソしたりすると母から叱られる。「男は泣くんじゃない」という母の教えは、今でもわたしの心に強く残っている。

わたしは両親からよく兄弟と比較された。兄弟がみな優秀だったからだ。母は一度も「勉強しろ」とは言わなかったが、「何でも一番になれ」というのが口癖だった。だから、わたしはテストの前の晩は必死に〝一夜漬け〟で勉強したものだ。

もちろん、商売人の息子で得をしたこともあった。両親が本や雑誌をいろいろ買ってくれたのだ。わたしはよく近所の少年たちを集めては、本を貸したり、メンコを売ったりして小遣い稼ぎをしていた。

講談社がかつて発行していた『少年倶楽部』などの雑誌は、子供たちの間で特に人気があった。一回につき、5円や10円をもらっていたから、子ども相手の小遣い稼ぎといえども、立派な〝商売〟だった。両親の背中を見て育っているうちに、商売人としての資質が自然と身についていったのかもしれない。

叱咤激励して人のやる気を引き出す

人は人格形成上、両親の影響を受けやすい。読者の皆さんは仏教用語に「慈悲心」という言葉があるのをご存じだと思う。

慈悲の心には「慈愛」と「悲愛」があり、これは、「父の愛」と「母の愛」といえるが、慈愛とは叱り手の愛で、悲愛とは抱き手の愛といわれている。

父の愛とは、子供がどんな環境においてもひとりで生き抜くための力を身につけさせるために、厳しく躾け、時には厳しく叱りながら育てていこうとするもの。母の愛とは、自分の身を捨ててでも愛し、慈しみ、懐に包み込むような無条件の大きな温かな愛情。つまり、慈悲心とは性格の異なる二つの愛情から成り立っているのだ。

わたしは今の世の中を見るにつけ、この〝叱る〟という慈愛の行為が欠けてきているように思う。会社においても、表面の優しさや、一時の甘やかしばかりだ。しかし、本当に部下の成長や幸せを思うならば、部下を叱咤激励すべきであり、上司たるものは、この慈愛を部下に向け、より良き道へ導かなければならないと思う。

また、部下はこの叱られるという行為に対して、これは自分への期待であると考え、素直な気持ちで受け入れられるようにしなければならない。

宇宙の生きとし、生けるものは、すべて、この慈悲心によって生かされている。したがって、このような宇宙の真理に逆らった生き方はしてはならないのだ。われわれは、家庭においても、慈悲心というものを心の中に持ち、理解をし、実行しながら毎日を生きていかなければならないのだと思う。

『人間は生かされている存在～立命～』

われわれ人間は、今だけが人生だと考えがちです。しかし、この世に生を授かり、天に生かされているということをもっと自覚する必要があるのではないでしょうか。何千年、何万年という歴史の積み重ねで現在があり、現在の積み重ねで未来が拓かれて行くのです。われわれだって祖先や両親がいたからこそ生を授かっているわけで、この時代にわれわれが生かされていることに、もっと感謝すべきだと思います。

両親や恩師など全ての人に感謝の気持ちで応える

わたしは鹿児島市内にある甲南高等学校（旧制・県立二中）に進学した。一学年十一クラス、五百五十名のマンモス校だ。わたしは島を離れ、下宿生活を始めることになった。

昔から島では泳いだり、走り回ったりしていたので、わたしは本土出身の生徒よりも運動神経が良かったと思っている。飽きっぽい性格で一つの事だけやることができない性格だから部には所属しなかったが、柔道部や弓道部などの試合にもぐりこんだことも何度かあった。

鹿児島での下宿生活では、わたしの部屋にはいつも誰か友達が来ていた。わたしがいろいろな倶楽部に顔を出すので、友達が多かったからだ。中学までは勉強したつもりだが、高校に入ってからはいつしか勉強はしなくなっていた。結果、高校入学時は上位五十番くらいで入ったはずだが、三年生の時には下から五十番くらいに成り下がっていた。卒業すら危うい状況だった。

わたしはこの頃、自らの進路に関して、小説家になるか、演劇をやるか、脚本家をやるか……と考えていた。そのため、進学は東京の大学がいい。早稲田大学の文学部が第一志望だった。もちろん、わたしの進路希望を聞いた母からは猛反対された。

というのも、ちょうどこの頃、世間では政財界を騒がす事件が勃発していた。一九五四（昭和二十九）年に起こった造船疑獄事件のことだ。

造船疑獄とは、計画造船の融資割り当てなどを行うための法案づくりの過程で起こった贈収賄にからみ、政界から官僚、財界まで何人もの被疑者が逮捕された。当時、自民党幹事長の佐藤栄作が逮捕されるかどうかで騒がれたが、法務大臣の犬養健が指揮権を発動し、佐藤栄作の逮捕は中止。結局、吉田茂内閣が退陣する発端となった、という事件のことである。

この事件に対して、母は強い怒りを覚えていた。以降、わたしは「必ずや将来は検事になって巨悪を退治せよ」と言われるようになったのだ。

「とんでもない、文学部に行くのなら学費は出さないからね！」

結局、わたしは文学部進学をあきらめ、法学部を志望することになった。

かくして小学校以来、試験では〝一夜漬け〟人生を歩んできたのだが、受験勉強は一夜漬けというわけにもいかない。そこで受験に際して、わたしは自分が出来ることと出来ないことを分けて考えた。

「合格できるなら最低点でもいい」という考えのもと、英語、国語、日本史の三科目で最低点を２１０点と予想。平均して70点だ。それまでわたしの成績は学年で下から数えてすぐだったから、もちろんハードルは高い。英語は自信がなかったのでさっさと諦め、国語と日本史でいかに点を稼ぐか徹底して考えた。

自分一人の力で生きているのではない

試験前は当時、東京で働いていた兄の家に泊まりこみ、過去問題を解きながら入試の傾向と対策を約三週間みっちり勉強。それこそ死ぬ気で勉強した。その甲斐あって、わたしは現役で中央大学法学部に合格することができた。自分でも信じられなかったが、これには先生の方が驚いていた。

しかし、その後も、合格したわたしには最大の問題が残っていた。肝心の高校卒業が決まっていなかったからだ。わたしは文系だったので数学が大の苦手。担任の先生が数学教師ということもあって、「大学に合格しました。だから単位を下さい」とお願いに行ったことを覚えている。

とにかくわたし自身、自分の才能や能力を築きあげてきたという実感がない。よく仏教用語で〝生かされている〟とか〝立命〟という言葉があるが、人に出会ったり助けられたりして、人生というのは導かれていくものだ。わたしが、人生には自分の力ではない何かのお導きがあると考え始めたのはこの頃からだろう。

「立命」とは、明の教養人・陸紹珩《りくしょうこう》が解説した『酔古堂剣掃《すいこどうけんすい》』から抜粋した言葉のことである。

人は誰もが一度は「なぜ生きているのか?」という根源的な問いを抱いたことがあるはず。これは心が発達し、与えられた運命の中で自分の存在意義を考えるようになるからだ。これを「義命」を宿すと言うが、「義」とは利害を捨てて、公のために尽くす気持ちのこと。義命に基づいて創造的に生きる「立命」の心を持って、前向きに生きるべきだということを、わたしはこの頃からぼんやりと感じ始めていた。

こうして、わたしは念願だった東京の大学へ進学していくのである。

第4章

創造と挑戦

『顧客視点に立った商品開発を』

現在のマーケットを見た時にどんなものが売れているのか、次の時代にどんなものが流行りそうなのか、市場動向を見極めることが大事です。お客様がどんなものを欲しがり、どんな商品やサービスを求めているのか、開発と営業が一緒になって考えなければなりません。そして、市場に投入するタイミングも大事な要素。その三つが合致した時にヒット商品が生まれるのです。

まずは目標を設定、あとは連携プレーで

「オフコンの攻勢はすごい。半年以内にオフコンを作るんだ」

「他社のものより安くていいものを作れ！」

「俺はメカのことは分からないけど、どんな機械オンチでも使えるような操作性の簡単なものにしろ！」

ミロク情報サービスが創業してから三年目、一九八〇（昭和五十五）年十一月にわたしは社長に就任した。ミロク経理から株式を一〇〇％買い取るという形で、ミロク情報サービスのオーナーとなったのだ。

ちょうどその半年くらい前から、わたしは新商品開発を急いでいた。今後のミロク情報サービスは主流になっている計算センター方式から脱却し、ミロク経理時代とは方向を転換。ミロク情報サービスの新しい収益の柱とすべく、オフコンの開発に全力を注いでいた。

ジャコスとの合弁解消に奔走し、ミロク情報サービスのオーナーになると決意した当時、わたしはオフコンに惚れこんでいた。他社には後れを取ったが、必ずや他社に追い付き、追い越せる商品開発をしようと思っていた。

わたしは開発のエンジニアには相当の要求を課した。

「素人でも使い勝手のいい商品をつくれ」

わたしは技術屋でも会計士でも税理士でもない。素人のわたしに要求されるのだから開発陣はたまったものではなかったはずだ。実際に開発陣から反論も受けたが、わたしは、とにかく出来たものを売るという考えではなく、「市場のお客さんがどのような商品がほしいかを一番に考えてくれ。プロダクトアウトではなく、マーケットインの発想が大事なんだ」ということを説き続けた。

そこでわたしはミロク経理との取引があった、電子部品メーカーのアルプス電気に商品開発を頼みに行った。わたしは「処理能力が早くて、使い勝手のいいものをつくってください」と話をしたのだ。

わたしの考えでは、当時のプログラミングで主流だったコボル言語を使用せずに、アッセンブラー言語を使用すれば事務処理能力は向上する。しかし、アッセンブラーでプログラムを作成するにはハードウェアを徹底的に研究しなければならず、時間も労力もかかる。無理な要求であることは分かっていたが、それを半年で仕上げてほしいとお願いした。

しかし、今とは違って、当時はＣＰＵ（中央演算処理装置）やメモリー（データやプログラムの記憶装置）が相当高価だった時代だ。結局、アルプス電気には部品調達が間に合わないということで断られてしまう。

それでも、わたしにがっかりしている時間はなかった。今度は日立製作所の関連会社である国際電気に話を持ちかけたところ、「条件は厳しいがやってみよう」と言ってくれた。そこで当社の技術者を国際電気のある青梅の工場に泊まり込ませ、何とか四カ月間で開発にこぎつけた。前述した通り、アッセンブラー言語による開発は時間がかかるのが難点だったが、みな必死の思いで開発にあたってくれた。本当に社員の頑張りには頭の下がる思いだった。

こうして八〇年六月に、ミロク情報サービス初の会計事務所専用オフコン「ミロクエース・モデル１００」が完成したのである。

顧客ニーズを先取りすることの大切さ

ミロクエースは画期的なシステムだった。

それまでのコンピューター会計というのは、日次・月次更新方式が主流。毎日・毎月更新していかなければならず、過去にさかのぼっては変更が出来ない仕組みになっていた。だから、企業が会計をする時には全員分の伝票が揃うのを待ってから作業に入るのだが、現実には数日前の伝票が突然出てきたりするものだ。そうなると全てを修正していかなくてはならない。更に勘定科目や商品名を入力する際にはコード番号を入力しなければならないのだが、これだと数字を間違えることもある。当然、これも修正が大変だ。

わたしは開発者と共に、こうした従来の会計システムでユーザーの不便な点はどこにあるのかということを徹底的にリサーチしていった。そのため、当社のオフコン・ミロクエースは修正や削除が簡単に出来るように、即時更新方式にこだわった。ここがミロクエースの最大の特徴だった。

ミロクエースは、月次の締めが終わった後からでもデータが更新できる。その上、正しく月次決算書は作成される。現在でいうデータベース蓄積型の画期的なシステムだ。今となっては当たり前の機能なのだが、業界で初めてデータベース型のオフコンが開発されたとして話題になったのである。

これはミロク経理時代のＴＳＳ事業で苦杯をなめた（第二章参照）借りを返そうと思っていたわたしにとっては溜飲の下がる思いだった。

他にも、ミロクエースはコード入力のミスを防ぐよう、コードレスでの入力を可能にし、財務専用機としては初めて漢字も使えるようにした。それまでのコンピュータというのは、記録用紙に表示されている文字は全て英数字とカタカナだった。読者の方も一度や二度の体験はあるだろうが、カタカナばかりの日本語というのは相当読みづらい。ところが、ミロクエースは漢字による表記が可能だから、明らかにユーザーの事務作業効率は上がった。そうやってユーザーからの評判を獲得していった。

ミロクエースは188万円で発売された。リース方式にすれば毎月4万円程度だ。当時、オフコンは低価格化が進んでいたとはいえ、それでも他社製品は300万円前後はしていた。

会計事務所の税理士たちはミロクエースを導入しようと殺到し、創業から三十年以上が経った今でもミロク情報サービスの歴史に残る爆発的ヒット商品となった。

顧客のニーズを先取りして商品開発をしていけば、必ず売れるはずだ。わたしはミロク情報サービスがオフコン参入の後発組であることを自覚し、後発組ならではの工夫が必要だと思っていた。使い勝手の良さやユーザー視点の商品開発。これは今でもわたしのモットーになっている。

『雑草集団ならではの一体感』

当社は社員数が一千人強の中小企業です。そのため、社員全員の能力を最大限発揮することが常に求められています。自分の役割を正しく認識し、全員が己の役割を百%果たしていくことが出来るのであれば、たとえライバルが何万人の従業員を抱える大企業であっても、競争に打ち勝つことが出来るでしょう。普通にしていれば淘汰されるのは当然ですが、一体感を持った雑草集団が大企業をもしのぐ魅力に溢れていることも事実です。

中小企業が大企業に打ち克つ方法

ミロクエースはヒット商品となった。しかし、これには会計事務所市場で先行する同業他社が黙ってはいなかった。また
しても横槍が入ったのである。

このオフコンは脱税を誘導する〝脱税オフコン〟だという風評が広まったのだ。実際に月刊誌に書かれたこともあった。というのも、当社のオフコンは日次・月次決算ではなく、随時修正が可能な即時更新方式が最大の特徴だった。そのため、前の月に遡ってデータの修正や削除が出来るというのは帳簿の改ざんであり、脱税につながるという風評を広められたのだ。

わたしは開発部長を引き連れ、国税庁まで出向き正当性を主張した。「国税庁が査察に来るならいつでも来てください。入力や修正まで全ての記録がとってあるのでいつでもデータはお見せできます」と説明したのである。説明すると分かってくれたのだが、つまり、説明が必要なほど、当時の常識を超えた画期的なシステムだったということだ。

これを宣伝したのが計算センター方式を主流とし、オフコン参入に出遅れたT社だ

った。T社の完全な言いがかりに対し、当時のわたしは本当に怒り心頭にきていた。ミロクエースは徹底したユーザー視点に立ったシステムだから、お客さんが評価してくれたのであって、脱税を誘導する道具だなんてとんでもない話だ。これは包丁は殺人を誘導するから売るな、車は交通事故を引き起こすから売ってはいけないという理論と同じである。

彼らはNECや富士通などの大手メーカーの汎用品をそのまま商品にしているだけだから、ユーザー視点に立った使い方が出来ない。その辺はわれわれも後発組として負けないように努力したし、国際電気さんの協力もあって開発まで携わって出来た結果である。関係者が一体となって努力した証なのだ。

では、なぜ当社の製品が大手メーカーの汎用品をしのぐことが出来たのか？

大手メーカーの汎用品は、一般企業の業務効率化を目的とするのであれば、コンピューターを導入する意義は十分にある。だから、自分たちの会社一社分だけの処理を行うには多少時間がかかっても便利だ。

しかし、会計事務所は何十社も何百社も顧問先を持っているから、一社当たりにかける会計処理のスピードをとにかく速めなければならない。使い勝手の良さと処理能力の高さは、大手メーカーの商品にはないミロクエースならではの特徴だった。

こうしてミロク経理から独立した創業以来、赤字を抱え、窮地に追い込まれていたミロク情報サービスにとって、初めてのヒット商品が生まれた。今でもわたしは、仮にあと三年早くオフコン市場に参入していれば、現在のミロク情報サービスはもっと圧倒的なシェアを獲得していたはずだと考えている。とはいえ、わたしはミロクエースが飛ぶように売れる様子を見て、正直ほっとしたのも事実であった。

社員の一体感で危機を乗り切る

ミロクエースがヒット商品になると、当社では営業のための人員が急に必要になった。当時のミロク情報サービスの社員は四十名程度。かといって、会社に知名度がないこともあって、大卒の応募者はめったに来ない。そのため、よほどのことがない限り、「来るもの拒まず」で応募者を採用していった。

入社した新人の営業マンは、採用後すぐに現場に駆けつけてもらった。当社には悠長に社内研修などやっていられる余裕がなかったのだ。

また、せっかく出来たオフコンであるにも関わらず、当初は商品カタログがなかった。ミロク情報サービスは、他社のように立派なパンフレットもカタログも作れるだけの余裕がなかったのだ。新人の中には「こんな会社すぐに辞めてやる」と不満を口にする社員もいたが、不思議と辞める者はいなかった。

離職者が出なかったのはなぜだろうか。それは思うに、わたしがミロク経理に入社した時から「人を大切にする経営」を信条としてきたからだ。わたしを含めて、当時は上司も新人も皆が貧しかった。わたしは今でも「われわれは雑草集団」という意識でいるが、エリートでなく、雑草集団であるが故に会社の一体感が生まれていた。皆が赤字会社だという現状を認識し、ミロクエースで起死回生を果たす。そんな夢を社員が共有していたから、落伍者はなかった。

社員一同の頑張りの甲斐あって、「ミロクエース100」は二年で二千台販売された。創業から二年は赤字が続いたものの、八〇年九月期にはトントン。四期目の八一年八月期には黒字化を達成することが出来た。

こうして会社は赤字の危機を乗り越えていくことが出来た。

しかし、技術革新はどんどん進む。次の商品開発へ向けてわたしは手綱を緩めることはなかった。

とにかく、一難去ってまた一難という感じでいろいろなことが起こった。まさに激動期だったように思う。それでも、厳しい時代を乗り越え、社員の一体感を感じることが出来たのはわたしにとっては最大の収穫だった。

『自ら創るという気迫で取り組む』

真っ白いキャンバスに絵を描くことは気持ちがいいものです。同様に新しい商品を開発したり、新しいマーケットを切り拓いていくことは非常に楽しいことです。これは「主体性を持つ」という言葉と同じことですが、上司に何か言われなければ働けない、動けないような人では新しい商品開発や市場開拓は出来ません。自分で考え、何事にも積極的に取り組んでいくことが新境地を切り開く第一歩となるのです。

無から有を生む！

わたしがミロク経理に入社したのは、一九六五（昭和四十）年のことだった。

わたしは東京オフィスマシン時代に、同期の田中と共に大阪のとある上場会社の社長から「うちに来ないか」との誘いを受けたことがあった。田中は課長としてスカウトされていった。しかし、わたしは「大阪には行きたくない」として断った。ゆくゆくは独立したいと考え始めていたからだ。

しかし、人生はどのように進んでいくのか分からないものだ。

その後、東京オフィスマシンや前職の専門商社で交流のあった、ミロク経理の専務である鈴木啓允氏から誘いの声がかかったのである。

当時のミロク経理は、まだ年商５０００万円ほどの小さな会社だった。専務である鈴木氏はミロク経理を「１００億円企業にしたい」という夢を持っていた。わたしは「随分大風呂敷を広げるものだな」と思いながらも、彼の情熱にだんだん気持ちが傾いていった。結局、わたしは自分一人でゼロから始めるよりも、彼の夢に乗っかってみようという気になり、彼の夢と共に歩み始めることにしたのである。ちなみに、ミロク経理は鈴木氏の叔父にあたる鈴木康平氏が創業した会社だった。

東京オリンピックが開催されたのは、その前年のことである。日本は経済成長の波に乗り、テレビ、冷蔵庫、洗濯機という三種の神器が各家庭に普及していった。値段が高くて庶民の手が届かないと思われていた自動車も売れ始め、マイカー時代の到来が話題になりだした。国民はみな豊かな生活を手に入れようと前向きな気持ちで働き、GNP（国民総生産）は年率一〇％を超える勢いで伸びていく。六〇（昭和三十五）年に所得倍増計画を打ち出した池田勇人首相は「わたしは嘘はつかない」と胸を張る。わたしがミロク経理に入社したのは、そんな時代だった。

ミロク経理は「ミロク票簿会計」という伝票会計システムを販売していた。当時はまだコンピューターを導入できる会社は一部の大企業に限定され、一般企業はこうした伝票会計システムを導入することで事務の合理化を図っていた。

わたしは推進部次長という立場で迎えられた。営業推進、つまり新しい販路の開拓を行う仕事のことである。わたしは人のやったことはあまりしたくないタイプだったので、販路拡大という仕事は自分にとって、うってつけの仕事だと思った。

まず、わたしは販路拡大のために伝票会計を一般企業だけでなく、会計事務所向けにも販売しようと考えた。会計事務所を通して、ミロク経理の伝票会計を普及させようとしたわけだ。これが現在も続く会計事務所との出会いである。

それまでミロク経理は中小企業など、主に一般企業向けに伝票会計システムを販売していた。しかし、わたしは中小企業を顧問先とする会計事務所に目を付けた。ここに販路拡大の糸口を見つけたのだ。

わたしは中小企業にソリューションを提供していくには、ここに一番影響を持っている会計事務所が一番だと思った。税理士さんたちをパートナーにしていけば、効率よくマーケティングが出来ると思ったのだ。

この頃、ミロク経理では産業能率大学の石尾登教授の指導を受け、「マネジメント・コントロール・テーブル（MCT）」なる、新しい経営分析チャートを考案している。伝票会計で帳簿をつくるだけでなく、帳簿から出てきたデータを情報として管理会計的なシステムをつくる。会社で作成した原案に、石尾教授が論理的な解説を加え、企業の資産効率や利益効率、資金効率などを項目ごとに分類して、企業経営の実態を掴んでいくというものだ。

投下した資本に対してどれだけの商品やサービスを提供し、付加価値をどのくらいつけられるかによって利益が出るというのが会社経営。自分たちの会社の財務項目を

ＭＣＴのレポートに照らし合わせれば、会社の経営評価が丸裸になるというわけだ。

大ホールを貸し切っての一大イベント

六六（昭和四十一）年、会社ではＭＣＴを会計事務所や企業に販売することを考えていた。そこで、わたしは税理士会や中小企業診断士という専門家と企業の財務担当責任者を集めて、東京商工会議所のホールを借りてセミナーを開催することにした。

しかし、そうは考えながらも大ホールをミロク経理単独で貸し切るだけの資金はない。そこで当時、「ＨＩＴＡＣ　８２１０」という小型コンピューターを発表した日立製作所に後援の依頼をしたところ、日立は快く協賛を引き受けてくれ、商工会議所や日本経済新聞社からも後援を取り付けた。

実はこの頃、ミロク経理は「株式会社ミロク」というのが正式名称なのだが、別組織をつくり、「ミロク経理協会」という非営利団体のような形で活動を行っていた。そのためかは分からないが、商工会議所や日経が協賛を引き受けてくれたのである。

わたしもノホホンとはしていられない。毎朝、駅前でビラ配りをしながら当日を待った。すると――。

東商のホールは千人が収容できる大きなものだった。わたしは当日まで「一体何人の人が来てくれるのだろうか？」と不安を抱えていたのだが、なんと約千五百人の来場者がつめかけてくれた。

セミナーのテーマは、「財務管理スタッフの新しい役割」と銘打った。そこでは、ＭＣＴを考案した石尾教授に講師を頼み、講演をしてもらった。石尾教授はこれからの時代、会計事務所は記帳代行だけではなく、ＭＣＴ理論を基にした、中小企業のコンサルティングサービス機能が必要だと訴えた。企業はＭＣＴを活用した経営情報システム（ＭＩＳ）を導入すべきであると訴えたのである。

幸いにも、会場につめかけた会計士や税理士の反応は上々だった。セミナー開催は大成功に終わったのだ。

ミロク経理では講演後、ＭＣＴの完成に合わせて経営指導部をつくった。ここでＭＣＴを中心に販売する事業を立ち上げたのである。

こうしてミロク経理は会計事務所市場に参入していく。会計事務所の顧問先は一般企業だけではない。学校や病院、全国の自治体や特殊法人まで、財務会計を要する様々な顧問先がある。わたしはこうして新たな市場を開拓していったのである。

今から思えば、別に誰に言われたからやったのではなく、わたしはとにかく伝票の帳票をいかに多くの販売先に売るか、ということしか考えていなかった。日本の企業の九九％以上を占めるのが中小企業だから、ここにいかに入り込めるかと考えたら、中小企業の顧問をしている会計事務所が一番だと思ったのだ。問題意識を持って仕事に熱中すると、いろいろなアイデアが出てくる。

新市場の開拓は、非常に面白い仕事だった。真っ白いキャンバスに絵を描くことは気持ちがいいが、それと似たような充実感があった。自ら「創る」という強い意志が市場開拓につながったのだと思う。

しかしながら、最終的には会計事務所向け事業は思ったほど進展しなかった。ここが事業の難しいところである。

『身近な目標を設定する』

会社に使われるという意識で仕事をしてはいけないと何度も言ってきましたが、自ら主体的に動くには目標を設定することが大事です。最終的な目標を設定すると、そのために何をすべきかが分かってきます。銀座のクラブに行きたいとか、そんな軟派な動機でも何でもいいです。とにかく、目標を定めて努力する。自ら自発的に考えて行動していけば、人は必ず成長できると思います。

まずは自ら学ぶことから

仕事を行う意義とはどういうことだろうか？

わたしは仕事を通じて、自分の能力や魅力というものを最大限発揮し、自分の夢の実現に向けて人格形成をしていくことだと思う。夢は人それぞれ異なるように、個性も人それぞれ異なるもの。しかし、仕事における個性も大事であるが、最低限身につけなければならないマナーがあるのも事実だ。わたしの場合、社会人としてスタートした時の新人研修は非常に厳しいものだったが、後になって役に立つことばかり。物事は始めが肝心なのだ――。

わたしが社会人となった昭和三十年代は、まだ「コンピューター」という言葉が一般的に浸透していなかった時代である。当時は「電子計算機」と呼ばれていたのだ。

電子計算機の歴史は古い。一八八七年にアメリカの発明家・ホレリス博士によってホレリス式パンチカードシステム（ＰＣＳ）と呼ばれる統計機が発明された。一八九〇年に行われた米国の国政調査のために開発されたもので、これが今日のコンピューター産業の基礎になったと言われている。

その後、一九一一年にホレリス博士のタビュレーティング・マシン・カンパニーは、

ＩＢＭの前身となった会社の一部門として吸収された。こうして海外では、ＩＢＭ、レミントン・ランド、バロース、英・ＩＴＣなどから計算機が続々開発されていった。とくにＩＢＭのパンチカードシステムは長期間かかる国政調査や選挙の結果を算出する事務手続きを短時間で成しえたことで、世界各国で有名になった。世界におけるシェアはＩＢＭが一時、九五パーセントを占めていた。

米国から遅れること四十年、日本で電子計算機時代の幕開けを告げたのは、五五（昭和三十）年に輸入された、レミントン・ランドの世界初の商用（量産）電子計算機「ＵＮＩＶＡＣ１２０」がきっかけだ。船便で横浜港に陸揚げされた二台の電子計算機は、東京証券取引所と野村證券に納入された。三年後の五八年には、日本レミントンユニバック（現・日本ユニシス）が設立されている。この年、ＩＢＭのトランジスタ式電子計算機「ＩＢＭ７０７０」が発表されると、この頃から日本でも「コンピューター」という言葉が使われ始めたと言われている。

一九五四年に富士通信機製造（現・富士通）が、日本では初の実用リレー式計算機「ＦＡＣＯＭ１００」を開発、続いて商用機「ＦＡＣＯＭ１２８Ａ」を五六年に開発している。メインフレームでは、六四年に日立製作所が日本初の大型汎用電子計算機

「HITAC5020」を完成。国産初の大型機誕生で話題になった。この頃から、日本でも国産コンピューターの開発が熱を帯び始めたのだ。

わたしが就職した東京オフィスマシンでは、ドイツの「Gマーク」という、伝票発行のビリングマシンや卓上式の電気式計算機を輸入・販売していた。コンピューターとタイプライターが連動したような機械で、今でいうオフコンの前身のような機械だった。

当時、サラリーマンの月給が1万3000円の時代に卓上計算機は50～60万円もする。会計機のシステムマシンは150～160万円もする非常に高価なものだった。そうした高級な会計機を販売するのがわたしの仕事だったから、営業先はほとんどが上場企業だ。とくに未上場でも中堅以上の企業になる。

事務の合理化、効率化で日本でも電子計算機の導入機運は高まっていたものの、ライバルも多い。吉澤会計機、高千穂交易、日本ナショナル金銭登録機（現・日本NCR）、そして日本IBM、日本レミントンユニバック……といった会社が代表格だ。

わたしたちはこうしたライバル企業を押しのけて受注してもらえるように、営業をかけなければならない。営業マンは顧客から事務の流れを聞いていく。この機械を導入することによって、どのような効果が得られるのかを提案していくのだ。

新入社員は五月に行われるビジネスショーでデビューすることが決まっている。新人研修の当面の目的は、デビュー前の三カ月で徹底的に商品知識からセールストークを鍛え上げるというものだった。

新人研修も終盤になってくると、連日、先輩や上司の前に立って、デモンストレーションで商品説明をしなくてはならなかった。わたしも機械の性能を一生懸命覚えていくのだが、先輩たちは目の前でわざといろいろなボタンを押していく。そこで機械が止まったりすると説明を求められる。わたしがしどろもどろになっていると、先輩たちは容赦なく「こんな機械はダメだ。いらない」とヤジを飛ばすのだ。

こっちは必死に勉強して機械の性能を覚えていくのに、先輩が訳の分からない操作をして機械を止めていく。わたしも泡食った場面が何度もあった。しかし、よく考えてみれば、メカだからお客さまに売った後、現実に止まってしまうことも多々あるわけだ。われわれは先輩に、機械が故障した時、どう対応するかを見られていたのだろう。わたしは毎日会社に残って、先輩のデモテープを聞いたりして、営業力を磨いていったことをよく覚えている。

研修はつらかったが、面白いもので連日、こんな状態が続いていくと、対応力が身についてくるものだ。最初は人前で話すのが苦手だった技術系の新入社員ですらセールストークが磨かれて行く。こうしてわれわれ新人は力をつけていったのである。

新人でも大きな仕事は出来る！

わたしは三カ月の研修を終え、いよいよビジネスショーが始まった。新人にとっては営業も初舞台である。最先端の機械を見に来たお客様に対し、新人が機械の性能を説明し、名刺交換をしていく。そして、後日、名刺交換した相手先の会社に出向いて営業を行うというのが、フィールドトレーニングだった。

わたしは幸運にも、幸先のよいスタートを切る。一カ月で二件の受注に成功したのだ。新人で二件も受注が取れたというのは会社の新記録だった。というのも、新人のわたしが一台１５０万円、現在の感覚だと２０００万円もするような機械を二台も販売したのだから、上司は大喜び。その晩、常務役員がご褒美に銀座の高級クラブに連れて行ってくれた。

確か競馬のダービーをやっていた頃だった。大学出立ての若造が銀座のクラブに連れて行ってもらえるのだから、わたしは舞い上がってしまった。また、クラブに連れてきてもらいたいと考えて、次の日から頑張ったということを覚えている。

この時の成功体験が、次へのモチベーションにつながっていく。わたしは自分へのご褒美として、受注が取れると、新しい背広を作りに行った。日に日に身なりが整っていくわたしに対し、上司はわたしを一目置いて見てくれるようになった。

同期もまた然りだったのだが、目の色変えてわたしに食らいついていこうとしたのが後にミロク情報サービスでも一緒に働くことになる田中だ。田中も土日、会社に出てきては提案書を書いたり、新しい機械性能を勉強していった。わたしも負けず嫌いだから土日も勉強した。学生時代は勉強嫌いだったわたしも、不思議と社会人としての勉強は自ら率先して行うようになったのだ。

折しも、わたしが東京オフィスマシンに入社した六〇年は、当時の池田内閣のもと、「国民所得倍増計画」で国に活気があった。日本人の多くが戦後の貧しさから抜け出し、一所懸命働いて日本経済を成長させようと考えていた。六二（昭和三十七）年に橋幸夫と吉永小百合が歌った『いつでも夢を』が流行ったのは、そうした国民全体の意識とも連動していた。企業人も心が前向きで、電子計算機のような最新機器に対する興味も高かった。わたしも毎日がとても充実していた。

というのも、この仕事は高額な電動計算機を販売する仕事だから、会う人がみんな役職のついた人ばかり。だから、将来、自分が仮に独立しようと考えた時には、その人脈が絶対に役に立つと思った。現在のうちの社員にも言っているのだが、会社というのは自分たちの才能や潜在能力を開花させる場である。そう考えたら、全然違う世界が見えてくるはず。会社に使われているという意識で仕事をしていたら、人は成長しない。自ら自発的に考えて行動していけば、人は必ず成長できると思う。

また、わたしにとっては田中のような同期もいて、切磋琢磨できる仲間がいたからここまで来ることが出来た。

余談ではあるが、田中はその後、大阪の営業所に配属されることになる。実はその時、大阪営業所で、田中の一年後輩として働いていたのが、現在のオービック会長兼社長の野田順宏氏である。つくづく、わたしは人の「縁」というものを感じずにはいられない。

目標を定めて努力することの重要性を知った時代でもあった。

『問題意識を持って道を拓く』

「もうこれ以上は無理だ」と感じるまで物事を真剣に考えていくと、何らかのアイデアが生まれてくるものです。アイデアが出れば行動のレベルも変わってくる。そのことをわたしは前職の東京オフィスマシン時代に仙台へ行って学びました。会社に飼い慣らされる〝社蓄〟ではいつまでたっても問題意識もアイデアも湧いてこないかもしれませんが、自分で主体性を持って取り組めば道は開けてくると思います。

新市場創出の難しさを実感

努力してもうまくいかない、仕事で受注が取れないなど、人は必ずしも順風満帆な生活を送ることは出来ない。わたしも仕事がとれず苦労した時代があったが、ちょっとした工夫で活路を開くことが出来た――。

「誰か、この中で開拓精神のある者はいないか？」

「はい。わたしが行きます」

「よし、君に任せた！」

わたしがビリングマシン（システムマシン）の販売で新人記録を作った五月から二カ月が経とうとしていた。東京オフィスマシンは事業拡大につき、秋から仙台に東北営業所を設立することになった。そこで、社内から希望者を募ることになり、わたしが立候補したのだ。

実は、正直いって、わたしは営業所の新設だから、まさか新人が配属になることはないだろうと思っていた。しかし、周囲で手を挙げる者は誰もいなかったため、わたしが仙台に行くことになった。調子に乗って手を挙げてはみたものの、いざ配属が決定すると「大変なことになった」と大きな責任を感じたものだ。

東京オフィスマシン入社から半年が経った九月、わたしは営業所長になる三十代の先輩とエンジニアに連れられ、三人で仙台へ行くことになった。事務員などの採用は現地で行い、五、六人の小所帯で営業所が開設されたのだ。

わたしに与えられた仙台での使命も、東京にいる時と同様に会計機と卓上の電動計算機を販売することである。とにかく、仙台は営業所を開設したばかりだから、全てが新規の訪問先。東京での実績など何の関係もない。本社からやってきた営業部隊は基本的にわたし一人だったということもあって、わたしは毎日、足を棒のようにして歩き回った。ところが、企業を回れどもまわれども受注はできない。そもそも商談にすらならないことが多かった。

つまり、わたしが営業するのは卓上計算機で50〜60万円、システムマシンは150〜160万円もするような高額の商品である。わたしが仙台にある上場企業を中心に企業訪問を重ねてみても、そこまで高額な商品を仕入れるには、東京の本社に御伺いを立てなければならないところがほとんど。わたしが言われることは「ここではなく、東京の本社に言ってくれ」ということばかりだった。

仙台に本社を置くのは東北電力や地元の百貨店など、ごくわずかな企業だ。結局、わたしが仙台に配属されてから年末までの三カ月間、受注は一つもなかった。

この時、わたしを悩ませたのは、共に東京から赴任してきた営業所長だ。まだ三十代で旧九州帝国大学出身の若い社員だったが、営業センスがあまりあるとは言えないタイプ。そもそも所長なのに、ああでもない、こうでもないと言うだけで腰が重い。わたしは徐々に所長を頼ろうとは思わなくなった。

当然、わたしをはじめ、仙台営業所は成績が芳しくないため、東京の本社からはあっという間に見向きもされなくなった。会社から送られてくるのはスタッフの給料と交通費、事務所の家賃ぐらいだった。

われわれには販促費もないので、パンフレットやダイレクトメールを送ることすら出来ない状態が続いた。

当時、わたしは少しでもお金を節約して、販促費をねん出しようと考えていた。そこで事務所に炊飯器を買ってきて、事務所でご飯を食べることにした。おかずや総菜を近所のデパートで購入し、事務所の女の子たちと一緒に食べて帰る毎日。形だけの営業所長はいるものの、頼れるような人物ではない。わたしの中では、仙台営業所は自分が経営しているような気持ちになっていった。

柔軟な発想力で対応する

気付くと、すでに十二月になっていた。仙台では十一月くらいから街には雪がぱらつき、十二月には辺り一面雪景色になった。わたしは南国育ちだから、東北の寒さが身にしみてきつい。当時、わたしが住んでいた下宿先は離れに風呂場があった。身も心も寒かったので、風呂の湯に浸かる時が束の間の幸せだったことを覚えている。

しかし、仙台に来たことを後悔してももう遅い。わたしは当面の販促費を稼ぐためにいろいろなことを考えた。そこで考えたのが、事務用品の販売だった。受注があろうとなかろうと、どうせ自分は企業訪問を続けていくのだから、訪問した企業先で鉛筆やハンコ、朱肉、青焼きのコピー用紙など消耗品に目を付け、文房具や事務用品の販売をしてはどうだろうか？　と考えたのだ。

わたしはセールスマンだから、いくつか業者を知っている。訪問先の一般企業でも得意としている出入り業者はいるのかもしれないが、そこよりも安く事務用品を卸して、わたしが次に来る時に商品を持っていけばいい。企業にとっては、商品を配達してくれる上に経費が抑制できる。それが企業にとっては便利だとして、少しずつ事務用品の注文をもらえるようになった。

何しろ、一日十軒歩くとしても、トータルで月に三百軒くらいは回るのだから、月に5～10万円くらいの収入が入ってくるようになった。わずかな稼ぎではあったが、これでダイレクトメールなど販促費を確保していったのである。

もちろん、電動計算機の受注がとれたわけではないから、わたしにとっては心底喜べるような状況ではない。しかし、それでも新しいビジネスを開拓できたというのは自信につながった。わたしの心の中には、わずかながらの活路が開けてきたことで、次への行動に移る気概が湧いてきた。

物事を真剣に考えていくと、何らかのアイデアが生まれてくるものだ。そして、アイデアが出れば行動のレベルも変わってくる。行動が変われば運命が変わる。そうして、わたしは道を切り開いていったのである。

第5章
人づくり

『主体性を持つ』

会社は、社員一人ひとりの才能を開花させる場です。そこでいかに自分たちの主体性を発揮し、能力を高めていくか、ということが求められているのです。わたしたちは牛や馬のような家畜ではありません。餌を与えられたり、鞭を打たれたりしなければ働かないという人が会社にいては困るのです。人間の一番の尊厳は精神の自由と主体性を持つこと。人間としての誇りを持ち、主体性を持って働いてほしいものです。

社員教育の目的とは何か

仕事の成果が思うように上げられなかったり、毎日のノルマに追われたり、仕事や職場が楽しくないと感じている人は多いはずだ。上司に振り回されて辛い思いをしている人も多いだろう。しかし、前向きに考えることが出来れば、自分を成長させるチャンスだと考えることも出来る。

人から言われたことをこなすだけでなく、自分の役割とは何か、会社はどんなことを自分に期待しているのかを理解すれば、自ずと自分がとるべき行動が見えてくるはず。自分で考えて行動している時というのは、たとえ忙しくても気持ちが充実しているものだ。

わたしも社員には、自ら積極的に行動していってもらいたいと考えている——。

六八（昭和四十三）年に行われたミロク経理の新入社員教育の中で、わたしは「社員は主体主義に徹し、機能主義に徹し、そして核分裂を起こせ」という話をさせてもらった。

「主体主義に徹する」ということは、主体性を持って何でもやっていこうとすること。主体性を持つということは、私はこう思うという自分の考えを持ち、自分の言葉で話し、自分で動くということだ。自分の主体性を生かすということは、自分の個性を発揮させるということである。人にはそれぞれ個性があり、異なった才能や能力を持っているが、各々が、その持ち味を十分に生かしきることが大切。十人十色の才能、能力というものが十二分に発揮され、それが一つの塊になって、同じベクトルに作用したとき、初めて大きなパワーになる。それが会社の成長を促すということだ。

「機能主義に徹する」ということは、会社は営業、開発、経理、人事など様々な部署が連なりあって構成されているが、各役割が十分に機能しない（働かない）と他の役割に悪影響を与えてしまう。全ての機能は正常に働かないと困る、ということだ。機能主義に徹するとは役割主義に徹することを指す。自分の役割が決められたら、何としても百パーセント果たす、一切、言い訳は許さない。

与えられた役割は人それぞれ違うかもしれないが、組織として目指す目標は同じところにある。そのため、自らの役割を百%果たそうと思ったら、他の人にも働きかけて自らの役割を果たすために周りを動かすくらいの気迫が必要だ。その役割を果たすためには、トップをも動かすくらいの気迫があったほうがよい。しかし、人間とは皆、言い訳をしたがるものである。言い訳をする時間があったら、果たし得なかった役割をいかにカバーし、取り戻すかに腐心すべきである。自分の役割分担・守備範囲に関して、絶対に責任を果たそうと全員が心がけて仕事をする姿勢が大事なのである。

主体主義と機能主義、この二つをこなそうと思ったら、合理的な判断のもとに行動をしなければならない。合理的な経営とはより早く、より良く、より安くといった効率性や生産性の向上を図ることだ。同じ一時間を働くにしても、仕事の成果を二倍、三倍にしていくためにはどうしたらいいのか。それには一人が二人前、三人前の仕事をすることだ。

各自が受け持っている仕事の範囲内で完璧に合理主義に徹していけば、グループ、支社、各セクション、さらに会社全体が効率性や生産性を高めようという一致した目的に向かって進んでいくことが出来る。そうすれば、一人が二人分の仕事をこなせるようになり、三人分の仕事をこなせるようになっていける。それが全社的に広がっていくことが「核分裂を起こす」ということだ。

同じことを何度も繰り返すことが重要

つまり、自分で物事を考え判断する主体性を持ち、会社の中で自分に与えられた役割を確実にこなしていくこと。そして、より多くの人たちに商品やサービスを提供できるように生産性を上げ、核分裂を起こしていく。つまり、一人が二人分の能力を持てるようになり、二人が四人分の仕事をこなせるようになって、会社全体が成長していくということが理想的な形なのではないだろうか。

現在のミロク情報サービスには「営業五大方針」というものがあるが、この中には「主体主義、機能主義、合理主義」という言葉が含まれている。つまり、わたしは四十年以上も同じことを言い続けてきた。しかし、未だに社員全員に徹底され、実行されたとはいえない。

同じことであっても、三回言っても分からなければ十回言う。十回言っても分からなければ五十回言う。百回言っても分からなければ、二百回回言う。

社員教育とは同じことを何度も繰り返していくことが重要なのである。

『迷った時には原点回帰で』

いつの時代でも、経営環境というのは刻一刻と変化していくものです。それでも当社が三十余年運営できているのは、確固たる企業理念や経営方針を貫いてきたからでしょう。ビジネスモデルはその時代、時代によって変化する必要がありますが、企業それぞれにある理念や精神は普遍的なものです。結果が出なくて悩んでいる時、今後の経営判断に迷った時、創業の原点に帰ることで見えてくることがあるはずです。

時代の流れと顧客の要望に隔たりがあったら……

経営者の哲学や理念、方針がしっかりしている企業は強い。だから、会社に所属する社員は、自分の会社の理念や哲学をしっかりと理解して仕事に取り組むべきだ。しかし、真の意味で社員が会社の理念や哲学を理解するには、膨大な時間がかかる。そこに社員教育の難しさがある——。

ミロク情報サービスの創業は一九七七（昭和五十二）年に遡る。現在までにビジネスモデルはかなり変化してきたが、会計事務所向けの財務計算サービスを行う計算センタービジネスが始まりだ。つまり、会計事務所が端末機で入力した顧問先の仕訳データをセンターの大型コンピューターで一括処理することにより、計算処理の手数料を得る受託ビジネスがメインだった。

七〇年代は日本のコンピューター業界にとって重要な十年だった。前半と後半で大きく環境が変化しているからだ。

電子計算機が非常に高額で、会計事務所の記帳代行業務は電卓やソロバンによる手計算、もしくは計算センターに委託する方法しかなかった。七〇年代前半のことだ。当時の会計士や税理士というのは、長い経験から裏打ちされた勘を頼りに、顧客の帳簿上のミスを瞬時に見抜き、正しい計算資料を作成して事務方が手書きでそれを清書する。いわば職人のような世界だった。

ところが、七〇年代も後半に入ると状況は一変する。３００万円を切る価格のオフィスコンピューター、いわゆる財務専用オフコンが登場したからだ。

オフコンの導入以前、税務申告書は全てが手書きだった。たとえ、一字でも間違えると訂正印では済まされず書きなおしとなる。三月の確定申告のシーズンなど、納税の申告時期になると、会計事務所は膨大な数の作業を行わなければならない。申告期限に間に合わなければ延滞金が発生し、顧客の信用を失ってしまう。その上で正確性が求められる。記帳代行や税務申告代行が主体の会計事務所にとって、事務処理の速さは今も昔も最重要ポイントである。

オフコンの登場は、こうした事務処理効率を飛躍的に向上させた。何しろ、計算センターにデータを持っていくことなく、自分たちの事務所内で即座に財務諸表の印刷が出来るのだ。現在のようにパソコンで入力したものが瞬時にプリンターから打ち出される時代にあっては当然のことのように思われるが、当時は衝撃的な出来事だった。

それがＯＡ（オフィス・オートメーション）の走りである。

ＯＡとは、オフィスにおける事務処理作業を機械化、自動化して効率を高めるというもので、そのツールとなるのがＯＡ機器である。それはコピー機やワープロ、ＦＡＸ、電卓、そしてパソコンといったようなものまで様々。その後、八〇年代、九〇年代と技術革新によって市場が成熟化し、製品の多機能化や高機能化、コンパクト化につながっていく。

ＯＡ化は会計士や税理士といった専門の能力を持つ人々にも変革を迫った。パソコンやオフコンなどの急速な普及で、彼らの特徴である記帳代行業務や税務計算代行のノウハウがコンピューターシステムにとって代わられたのだ。

わたしはこうした時代の流れと会計士・税理士の考えの違いにいち早く気付いていた。会計事務所だっていつまで経っても記帳代行と税務の相談だけに終始していては、新しい時代に対応できなくなる。中小企業の悩みに応えるコンサルティング機能、今でいう〝ソリューションビジネス〟を志向していかないといけないと思ったのだ。

顧客と共に歩むという精神で

現在、会計事務所向けシステムの業界では上場企業としては、ミロク情報サービスを始め、ＴＫＣ、日本デジタル研究所（ＪＤＬ）が御三家と呼ばれ、他に間接販売をメインとするピー・シー・エー（ＰＣＡ）、オービックビジネスコンサルタント（ＯＢＣ）、弥生などの企業が名を連ねる。しかし、それぞれの企業の経営理念や会社設立の背景というのは千差万別だ。

わたしは、会計事務所が依って立っているのは中小企業。だから中小企業を発展させるために会計事務所の機能を拡大していかなければならない。その意味で、中小企業の発展によって会計事務所もビジネスを拡大していくべきである。顧問先企業の発展がなければ会計事務所の発展もないという考えだ。

しかし、こうした考えとは全く違った方向からアプローチをかける企業もある。

例えば、ＴＫＣは一九六六（昭和四十一）年に設立されたが、設立に際して会社定款には、二つの事業目的が明記されている。

一、会計事務所の職域防衛と運命打開のため受託する計算センターの経営

二、地方公共団体の行政効率向上のため受託する計算センターの経営

これはＴＫＣ創業者の飯塚毅氏が会社設立前の六二（昭和三十七）年に米国を訪れた経験が大きい。飯塚氏は「銀行の大型コンピューターによって中小会計事務所の職域侵害が進んでいることを知り、日本の会計人の職域防衛のために計算センター設立

を決意した」（TKCのホームページより）。詳細はＴＫＣのホームページにも書かれているので後は読んでいただくとして、とにかく会社の生い立ちからして、ＴＫＣと当社では経営哲学の違いがはっきり出ている。

もっとも、これは飯塚氏とわたしの背景の違いによるのかもしれない。飯塚氏は自ら会計士・税理士として活躍していたから、会計人としての立場を尊重してきた。ところが、わたしは税理士ではない。あくまでも企業人として顧客サービスを創造してきた立場だ。どちらがいいとか悪いという話ではなく、そうした違いがＴＫＣとミロク情報サービスの根本的な考え方の違いを生んでいる。

就職活動中の学生や転職を考えている若いビジネスマンには、自分が志望する会社の生い立ちや創業理念といったものを研究してから試験に臨むことをお勧めしたい。

『人材を育成することが経営者の務め』

経営の現場というのは本当に難しいものです。これまで売れていた商品が突然売れなくなったり、経済環境や諸制度が激変したりして、それらに対応するために、今でも身体がいくつあっても足りないというのが実感です。そのためには自らの分身である部下を何人か育成しなければなりません。非常に時間のかかることですが、経営哲学や経営理念というものを徹頭徹尾、追求していくことができる人材を育てなければ、会社に未来はありません。

新しい時代に新しいリーダーシップを

二〇〇五（平成十七）年四月、わたしは代表取締役会長に就任、長男で副社長を務めていた是枝周樹が代表取締役社長に就任した。六十七歳から四十一歳の社長へ思い切った若返りを図った。新しい時代には新しい舵取り役が必要だと考えたのだ。

現在もそうだが、二人は、会長のわたしが業界団体や外部との折衝にあたり、社長の周樹が最高執行役員のような形で社業に専念するという形をとっている。わたしが現体制に望むことは「百年企業になるための揺るぎない土台づくり」だ。

ミロク情報サービスは現在、会長、社長の下に経営管理本部、会計事務所チャネル事業本部、ソリューション事業本部が存在する三本部制をとっている。従来、会計事務所や一般企業向けの開発や営業は一括りにされていたが、各々のマーケットに対して、独自の販売・開発体制を敷くことになった。これにより縦割りになりがちだった組織に横串しを刺し、顧客ニーズやマーケット環境の変化に対して、より柔軟に対応できる〝製販一体型〟の組織を目指そうと考えているのだ。

また、外部からも積極的に人材を活用した。〇八（平成二十）年からは東京証券取引所元常務の長友英資氏を、〇九（平成二十一）年からは元金融庁長官の五味廣文氏を顧問に招き、企業のガバナンスを確立するための更なる基盤強化に向けた体制を構築している。

リーダーになるための条件

こうした体制の下、わたしは創業者であると同時に会長として、社長以下、三人の本部長に徹底して経営者教育をしていこうと考えている。わたしはリーダーに必要な資質として三つの条件を挙げる。

第一に、公正であること。トップに立つ人物は社員に対してニュートラルな視点で物事を判断せよということだ。「トップにとって一番怖いことは裸の王様になること」だから、自分にとって都合のいいことしか言わないような人物は近くに置くべきではない。部下とコミュニケーションをとるために現場に出ることは不可欠だが、必要以上に食事に出かけたり、プライベートで付き合いを深めるようなことはすべきでないという考えだ。要は、お互いに甘えの構造にならないように、人の評価を正しくするべきだと思う。

第二に、流れをよむ目を持つこと。わたしは『不易流行』という言葉が好きで、時代の流れをよむ先見性を大事にしている。そうした目というのは、常に好奇心を持って物事の本質や真理といったものを理解できる人間でなければ修得出来ない。そのために勉強をし、幅広く人に会って教養や見聞を広めてほしいと考えている。

そして第三に、決断したことに対して瞬時に実行出来ること。先見性というのはある意味、誰でも努力によって持ち得るものなのかもしれない。しかし、先見性より大事なことは「先決性」だ。決めたらすぐに動くことだ。先を予測し決断したことに対して実行するのは容易なことではない。あれこれ考えているうちにタイミングを逃してしまうことの方が多いからだ。これが最も難しいところでもある。

経営というのは、今何が起こっているかを理解しながら、同時に将来に対する布石を打っていかなければならない。その意味では、他人の後追いは嫌だということもあって、わたしはよく失敗してきた。多くの場合、結果としてタイミングが早すぎた。しかし、他社に遅れていてはいつまでたっても勝者にはなれない。だから、ある程度の勇み足は仕方がないともいえる。

そして、やれることをやったら「人事を尽くして天命を待つ」で、結果は神の判断に委ねるということだ。人生や経営は全勝するなどということはあり得ない。最後は開き直りのような心境に持っていけるように努力することが大事だと思う。

『トライ・アンド・エラー』

経営行動においては当然、保守性も必要ですが、非常に変化の激しい我々の業界で臆病は禁物です。発展にはトライ・アンド・エラーが不可避と言えます。慎重かつ積極的という、相反する気質がなければ経営は成功しません。それは、個人も同様です。もちろん、アクセルを踏みっぱなし、ブレーキを踏みっぱなしでは成功しませんが、バランス良くアクセルとブレーキを使いこなすことで前進したいものです。

創業時の荒々しさをもう一度

人間誰しも自ら進んで失敗などしたくないものだ。しかし、仕事はある意味で、失敗の連続ではないだろうか。人は困難な壁にぶつかっていき、それを乗り越えたり、乗り越えるための努力をしていくことで、人間的な成長が得られる。結局は多くの失敗の中から成功を掴むしかないのだ――。

ミロク情報サービスは順調に成長を続け、二〇〇〇年三月期には売上高216億円と初めて200億円の大台を突破した。この頃になると従業員数も八百名を超え、わたしも次なる目標である東証一部上場を視野に入れていた。

ところが、九七年に会社設立から二十周年を迎えると、企業業績とは裏腹に、わたしは社内で違和感を感じるようになっていた。二十年といえば、人間に例えて、子供から成人になる年齢だ。ミロク情報サービスも世間的に認められてきて、社員にちょっとした安心感が芽生えたために会社に停滞感のようなものが漂いだしたのだ。

原因は上場企業になったことと無関係ではない。ミロク情報サービスも上場企業として個々の組織もきちんと構築し、責任を明確化していく必要がある。気がつけば、社内規定も膨大な数になった。そうしてどんぶり勘定のような経営は一切やめ、グローバルスタンダード（国際基準）の経営を目指していた。

ところが、こうして組織を細分化していったことで、社員は自分たちの仕事は絶対にミスしてはならないと考えるようになった。その結果、一種の縦割り組織が出来上がっていき、それが営業や開発とのわずかな溝、支社と本社とのわずかな溝を生んでいったようだ。

皮肉にも他の部署の社員が困っていれば手を差し伸べてあげるという、これまでの当社の成長を支えてきた社員の連帯感が、上場したことで徐々に薄れ、大企業でも何でもないのに、責任の言い逃れを繰り返す官僚機構のような雰囲気になってしまったのだ。わたしには、創業時やミロク経理倒産時のような社員一丸となって仕事に取り組むというチャレンジ精神が少しずつ失われているように感じられていた。

その当時、わたしは社員に向けてこんなメッセージを発している。


『明元素』

「あなたの会社の社風を一言で述べなさい」と問われたら皆さんは何と答えますか？

私は、ＭＪＳで自由な気風を大切にしたいと思ってきました。ただ、以前、管理職対象に組織心理学テストを実施したところ、当社の社員は個人個人は別として、集団になると若い人が多いにも関わらず保守的であるとの結果が出ました。物事に前向きに真面目に取り組むけれども、新しいことや未知の世界に挑戦したり体験することに慎重、否定的な気質を持っているという診断です。仕事には一生懸命、誠実に取り組むが、環境への対応力の面で物足りなさを感じていた私としては、この結果に得心が行ったのを覚えています。

「明元素」は「明るい・元気・素直」の略で、造語です。私は、組織も人間も明るく元気で素直でありたいと常に考えてきました。前述した「保守性」にはどうも、この「明元素」が乏しいような気がしてなりません。

「明るい」には、性格を示すだけでなく、行く手や周囲が照らし出され、モノがよく見えるとの意もあります。精神的に明るいと物事が鮮明に見えるようになり、文字通り視野が拡がります。楽観的で、何事も肯定的に捉えるプラス思考こそ明るさの証左です。

また、体からオーラが発生するような「元気」、これも大事です。元気さとはダイナミズムであり、組織のダイナミズムとは行動力があり、活動的なことを指します。

組織の構成員である私たち一人ひとりがそうなることにより会社全体が力強くなるのです。

「素直」とは、虚心に他者の話を聴くことを言います。柔軟な心でモノを観、聴き、壁を作らないことです。最初からノーで拒否するのではなく、一旦、イエスと受け止めるのが肝心です。まず受け入れ、次に咀嚼し、相手の言いなりになるのではなく自分の考えをもって、その気持ちを素直に発露できれば理想的ではないでしょうか。素直さはオープンと言い換えることもできます。心を開いていれば、さまざまな出会いがあり、情報も次々と入ってくるでしょう。それは成長の大きな糧となります。自分をしっかりもった上でオープンであれ、と私は言いたいのです。

明るく元気で素直な組織は、組織の中の個人がそうでなければ望めません。個人が幸せになり企業も幸せになる元——元素になるものとして、私は「明元素」を挙げました。これは、私の尊敬する文化シヤッター会長の岩部金吾さんから聞いた言葉ですが、意味についてては私なりの解釈で、ここに披露しました。さて、当社は「明元素」な社風かどうか、皆で考えてみませんか。

社内報　一九九七年夏号より

得てして、良い予感は当たらずとも、悪い予感というのは当たることが多い。二〇〇二（平成十四）年三月期にミロク情報サービスは初の経常赤字に陥った。Ｗｉｎｄｏｗｓへの対応に遅れたためだ。

多くの失敗の中から成功を掴む

すでにパソコンの標準ＯＳ（基本ソフト）としてマイクロソフトのＷｉｎｄｏｗｓが時代を席巻していた。ところが、会計事務所ユーザーの「従来のオフコンにも対応したソフトにしてくれ」という要求にも応えなければならない。九八（平成十）年にはＷｉｎｄｏｗｓ対応型ソフト「ＭＩＣＳ　ＮＥＴ（ミックスネット）シリーズ」で当社も本格的にオープン化に対応していたが、不具合が頻発。安定するまでに多くの時間やコストを要してしまった。結果として、企業ユーザーの要求に応えようとする余りに自ら墓穴を掘ってしまったのである。

完全に同業他社には後れを取ってしまった。

結局、〇三（平成十五）年にはオフコンの販売を終了するのだが、〇二年の赤字計上はわたしにとっても、社員にとってもショックを隠せない出来事だった。

これはＷｉｎｄｏｗｓへの商品対応が完全に遅れた結果の赤字だった。ちょうど同じ時期に社員の気の緩みではないけれど、連帯感やチャレンジ精神が欠けているなと感じたこともあったし、いろいろな要素が重なり合った結果だと思う。

「いまさらオフコンの時代じゃないだろう」と言う営業の声に開発がうまく対応できなかったというのもあるし、その逆で「これからはＷｉｎｄｏｗｓの時代だろう」と言う開発の声に反発して、営業が「会計事務所の先生はオフコンにも対応したソフト開発が必要だ」と言ってお互いに聞く耳を持たなくなっていた。野球の野村克也監督が〝勝ちに不思議の勝ちあり、負けに不思議の負けなし〟と言っているが、これは本当である。わたしがしなければならないことは、赤字の原因をきちっと分析して、今後につなげていくことだ。

会社創設から十五年で株式の店頭公開、二十年で東証二部上場と順調に飛躍を遂げてきたミロク情報サービスであったが、二十五周年にあたる〇二年での東証一部上場という計画はついに果たすことが出来なかった。

わたしは東証一部上場を含めて、今後のミロク情報サービスの成長には、改めて個々人のレベルアップが必要だと考えている。それにはやはり、業務に関する基本知識や技術を学び、業務プロセスに対する合理主義に徹することが大事だ。ミッションに関する意識が高まってくると行動も変わってくるものだ。

道理に合った考え方や手法に徹していくというのが合理主義である。つまり、より早く、より良く、より安くといった効率性・生産性の向上こそ合理主義の目的といえる。個人の能力には限界があるが、一人ひとりが受け持っている仕事の範囲内で合理主義に徹していけば、グループや支社、各セクション、さらに会社全体が効率性・生産性の向上に進んでいくことができる。

わたしは社長を始め、経営幹部に対して、そうした原理・原則を、毎日のように全国各地の支社や営業所を回りながら説き続けている。

『己を磨く』

経営ノウハウのコンサルティングセールスを掲げる当社の社員に求められることは何でしょうか？お客様は商品だけでなく、わたしたち人間そのものを観察しています。人は商品を購入する際、より信頼できる会社、より信頼できる人から買いたいと思うものです。専門的、技術的な知識だけでなく、人間的な魅力を持った人物が求められる時代。会社は自分を磨く場だと考え、いろいろなことを吸収してほしいと思います。

知識、技術、意識、行動のレベルアップを

新しい商品やサービスを開発する上で求められることは、時代の流れを読み、お客様のニーズを先取りすることだと何度も強調してきた。そのためには社員一人ひとりがレベルアップしなければならない。

それは「知識」、「技術」、「意識」、「行動」の四つに集約される――。

いまは国際会計基準（IFRS）の導入を見据えた動きが増えているが、ここ数年、電子申告や納税の普及、金融商品取引法（J‐SOX法）や個人情報保護法の施行など、企業経営を取り巻く環境は大きく変わってきた。ミロク情報サービスやユーザーである会計事務所には、中小企業の海外進出支援といった要望にどのように応えていけばいいのか、といった実務的な相談も多い。

中小企業にとっては海外進出をしたいと思っても、誰に相談し、どこに行けばいいのかが分からない。顧問先の会計事務所に問い合わせても、会計士や税理士が現地の言葉が話せるとは限らないし、そもそも会計事務所の守備範囲は国内だけで海外事業に関しては税務相談ができない、といったケースも多い。

当然、ミロク情報サービスも海外マーケットを見据えている。東南アジアを一つの

重要なマーケットと捉え、今後は日本の大学に留学している外国人を将来、現地法人が出来た時の幹部候補生として育てたい、とわたしは考えている。二〇一〇年度は投資額を前期の三倍に増やし、社員教育を徹底的に行っていくつもりだ。

その意味では、業務改革や経営指導などを行うソリューションビジネスを経営の軸に置くミロク情報サービスにかかる役割と期待は大きいと思う。

千葉県長生郡に当社の研修センターがある。ここは研修室や会議室に宿泊施設を備えた建物で、新入社員の研修を始めとし、社員研修の場に役立てている。ここは一九九八（平成十）年に竣工したものであるが、研修センターの設立はわたしが長年切望していたものだった。

つくづくわたしが思うのが、企業は人で成り立っているということだ。そのため、会社設立以来、社員教育には惜しみなく時間と労力をかけてきた。わたしの考える社員教育のポイントは大きく四つに大別される。

業務に関する知識を上げ、仕事に関する技術を上げ、ミッションに対する問題意識を上げ、そして行動レベルを上げていく。この四つのレベルを昨日よりも今日、今日よりも明日という形で社員一人ひとりが変えていく。社員の総和が会社の総和だから、会社を成長させようと思ったら社員全員が努力していくしかない。

意識を持って、アンテナを張り巡らせることによって、いろいろな情報が引っ掛かってくるものだ。ある面では心配事も増えるし、とり越し苦労にもなるだろうが、必ずプラスの情報が得られるし、その後の運命が変わってくるのだと思う。

地域社会に貢献してこそ百年企業に近づく

ミロク情報サービスの企業理念には「文化活動への参加」という項目があるが、社員に幅広い知識と教養を養ってもらい、さらにCSR活動（企業の社会的責任）の一環という意味もあって文化活動に積極的なのも当社の特徴の一つになっている。

これまでには国立博物館への催事支援や文化財保護、芸術研究助成財団への支援による遺産保護や修復活動などに協賛してきた。また、Jリーグ所属チームのスポンサード支援などスポーツ振興にも一役買っている。近年では社員一人ひとりが取り組むことが出来るように、切手等の収集ボランティア活動や献血活動の促進なども行っている。より地域社会に密着し、貢献することができるよう考えられているのだ。

こうした地域貢献や文化活動というのは、サントリーやパナソニックのように積極的な企業もあるが、どちらかというとこれまでの日本企業には欠けている部分だ。しかし、海外を見ると、コカ・コーラやマクドナルド、ジョンソン&ジョンソンなど文化活動に積極的な企業が多い。わたしは地域社会に貢献してこそ百年企業に近づくことができると信じている。

わたしが今後のミロク情報サービスの将来像を思い描く時、日本のマーケットでシェア一位になることや、時価総額で一位になるということは目標にしない。決して自社だけが儲かればいいとか、自分だけ大金をつかめればいいとは思わない。社業や文化活動を通して社会的責任を果たせてこそ、企業の存在価値は高まっていくという考えだ。

わたしは一九三七（昭和十二）年の生まれだから、二〇一〇年に七十三歳になる。会社が百年企業になったとしても、わたしはその姿を見届けることはできない。しかし、七十年後でもわたしの信念や信条を伝え、継承していくことは可能だ。

わたしの願いは「当社が社会に認められ百年企業になることができたら、どんなに素晴らしいことか」ということに尽きる。

百年企業になるために、会計事務所や顧問先の中小企業、地域社会、そして社員と共に、ミロク情報サービスは今後も歩み続けていくつもりだ。

第6章
混迷するニッポンへの提言

『人は毎日の生き方が試されている』

よく電話口で相手に頭を下げながら話をしている人がいます。人は心から詫びたり、感謝する気持ちがあれば、目の前に相手がいなくとも自然と頭が垂れてくるものです。一見無意味な行為のようにも思いますが、ふんぞり返って電話をしていれば自ずと声や雰囲気で相手に横柄な態度は伝わってしまう。心の在り方が行動を規定するものだと考えると、日頃の思いや価値観をいかに高く保つかという志が大切なのだと思います。

日本の聖職とは何か

第五章では社員教育が大事という話をさせていただいたが、大きく考えると、教育問題は今後の日本のあり方を考える上で最も重要なテーマだと思う。

連日のように新聞やテレビなどの報道を見ていると、いまの日本では親が子を殺したり、その逆で子が親を殺したりという、忌わしい事件が後を絶たない。中でも「人を殺す経験がしてみたかった」とか「殺すなら誰でもよかった」などという単純、かつ恐ろしい理由で殺人事件が繰り返される様には愕然とさせられる。こうした問題が起こる背景にはいろいろな理由があるだろうが、わたしは教育の腐敗ということが一因として挙げられると思う。

わたしは教育問題を考えた時、日本から〝聖職〟が無くなってしまったことが問題であり、退廃した現在の世相を反映していると考えてきた。

その最たる例は教師ではないだろうか。

昨今、教育の場に妙な自由主義思想がはびこって自由主義が平等主義に代わってきたように見える。本来、教育というのは自己規制のできない人間に対して規律を学ばせる場であるにも関わらず、教師や生徒みんなが平等だと言いだし、全部が一緒でなければならないと考えだした。つまり、男女の差だけでなく、個人個人の能力の差や個性を認めない風潮が出来てしまった。そうした結果、最後には教育者が労働者になってしまったようにみえる。

医師や住職も同じ。昔の医者は二十四時間往診に行き、自分を顧みずに他人の命を救ったものだった。しかし、今では医師は仁術ではなく、算術になってしまったようにみえる。お坊さんもそうだろう。京都のお寺はみな観光寺になってしまって、法理を説くような活動をする人はごく一部になってしまったのではないか。

昔は世のため人のために働いてくれたから多くの人に敬われた職業が、いつしかお金のことしか考えなくなった結果、教師にしろ、医師にしろ、住職にしろ、そうした方々が尊敬されなくなって聖職がこの国から消えてしまった。もちろん、それの最たる例が政治家であることは言うまでもないが……。

今の政治を見ていると、本当に日本の将来がどこに向かって進もうとしているのか見えてこない。戦後五十年間は経済成長を目指して頑張ってきたけれども、バブルが崩壊してからは長期的なビジョンが無くなってしまったように思う。建築基準法や貸金業法の改正、そしていま議論されている労働者派遣法の改正や米軍の普天間基地移設問題などを見ても、場当たり的な対応や規制強化ばかりで、物事の根本的な解決につながるような政策を打ち出すことができないでいる。

わたしは、こうした状況を生みだした理由の一つは、官僚を含めて、政治家が現場回りをしないからだと思う。貸金業法の改正なら、もっと中小企業を回って歩いて、実際に経営者がどのように資金繰りをしているのか検証が必要である。

例えば、企業経営には仮に今月が乗り切れるのであれば、来月はしのげるというケースが多々ある。しかし、今月分に関してはもう少し資金が必要。銀行が貸してくれないのであれば、仮に年間三〇％以上の金利がつこうとも借りるのだ。

昨年、黒字倒産が増加して新聞報道などでも話題になったが、帳簿の上では黒字でも手元にお金がないから倒産してしまうケースは現実にある。上限金利が高いか低いかというのも大事な論点だが、下手に規制をかけることによって、資金繰りが上手くいかず倒産に追いこまれてしまう企業が出てくる、ということまで徹底的に調べて、検証していく。為政者はそこまで考えないといけないと思う。

さらにマスメディアのだらしなさも目に余る。わたしは本当にマスメディアが社会の木鐸《ぼくたく》として役割を果たしてきたのかと言いたい。問題をほじくる時だけ面白がって、問題を解決していこうという姿勢が見えないからだ。

わたしがマスメディアや政治家が間違った方向に動きだしたと感じたのは、七三年のオイルショックの時だった。あの時、わたしたちは経済成長の裏で、資源をいかに大切にしなければならないかを学んだはずだ。世界中の人たちが資源は有限であるということに気づいて、人間の欲望をいかにコントロールし、その中で新しい価値体系を構築していくかを考えるべきだったように思う。

ところが、政治家もマスメディアも資源などの物資の確保が大事だということばかりに目が行ってしまった。つまり、物資を確保するためには、いくら金額が上がっても購入できるようにお金を儲けよう、という物質市場主義、経済至上主義に陥ってしまったのだ。

「自制心」のすすめ

オイルショック当時、わたしはある業界団体の理事をやっていて、機関誌の巻頭に「オイルショックの経験を今後に活かすため、モノではなく心を中心とした人間中心の新しい価値体系を確立すべきだ」という論文を発表させていただいた。

もう消費量を高くすることによって経済成長を進めていくべきではない。日本は省エネ技術を確立すると同時に、クーラーやテレビなど電気の使用量を控えるといった自制の念を持って、経済活動にあたるべきだということを書いたのである。

あれから三十余年が経った。日本は環境技術に磨きをかけ、省エネ技術に関しては世界の追随を許さないレベルまで持ってくることが出来た。これは本当に素晴らしいことである。しかし、心の自制についてはどうだろう。あまり進んでいないどころか、残念ながら欲望だけが横行するような社会になっているように思う。

わたしの好きな言葉の一つに『貪瞋痴《とんじんち》』という言葉がある。

これは人間が過去から造ってきた悪業を懺悔するお経の中にある言葉である。「貪」とは貪欲、つまり「むさぼり」であり、「瞋」とは瞋恚《しんに》、つまり「怒り」であり、「痴」とは愚痴、つまり「愚かさ」のことで、人間は身《み》と口《くち》と意《こころ》でいろいろな罪をつくるわけだが、この三つの悪業は「三毒の煩悩」と言って、諸悪の根源として最も戒められることである。

貪欲とは一度手に入れたものに執着してやまない心であり、もっともっとと際限なく求めて、挙句の果てには人を殺してでも手に入れたいと思ってしまう。得てして、地位や財産を欲しがる人に起こりやすいものだ。

瞋恚の心とは自ら自制して耐えることを知らない心で、事の善悪を判断するより、己の都合と感情によって他を憎しみ怨むこと。自分はいつも正しいと思いこみ、常に他人のせいにして人を妬んだり、嫉妬したりしてしまうことだ。

愚痴とは愚かさのことであり、道理を見極めようとする努力が足りず、常に迷っていることから犯してしまう過ちのこと。物事の本質を見極めようとする姿勢がなく、目の前の事象や現象にばかりとらわれて右往左往することである。

こうした三毒の煩悩に心をとらわれた生活を送らないように心掛けることで、人は幸せに生きることが出来るし、裏を返せば、不幸な出来事は自らの行動の結果にあると言える。

これは為政者は当然のこと、全ての人に当てはまる。その中で、わたしが言いたいのは、経済人にもっと倫理観を持ってほしいということだ。たまに若いベンチャー起業家から「会社を成功させるために最も大切なことは何ですか」という質問をされることがある。中小企業の親父であるわたしが生意気なことは言えないが、わたしが言えることは、やはり、年齢に関係なく経営者というのは国家観や倫理観というものをもって経営をしてもらいたいし、また当然持つべき資質だと思う。

企業の使命として雇用を生むという大きな目的がある。わたしは企業の最大の地域貢献は雇用を生み出すことだと考えている。当社が地域で一番のＩＴ企業になれば、最大の地域貢献につながると思い、ここまでやってきた。

ベンチャーであっても、企業の経営者は従業員を抱え、その家族の人生を抱えるわけだから、そうした原理原則というものをしっかり持っていくべきだと思う。

『地域の発展なくして日本の発展はない』

日本は中央集権の国づくりを進めてきたばかりに、分が悪いところは全て弱者である地方に回してきました。しかし、本当の意味で日本という国が強くなるためには、地域そのものが強くならないといけません。各地の伝統芸能や文化など、日本には世界に誇れる技術や文化が溢れています。今一度、地域の資産を掘り起こし、閉塞感の漂う日本に活気を取り戻したいものです。

アイデンティティの確立を！

これまで何度も触れてきたように、ミロク情報サービスを設立してすぐに、かつての親会社であるミロク経理が倒産した。資本関係がなかったにも関わらず、ミロク情報サービスもミロク経理倒産の余波を受けた。そんな時、何がわたしの心を支えてくれたかというと、自分たちが持っている製品や技術にどれぐらいの価値があるかということだ。つまり、ユーザーの数であったり、ブランド名であったり、企業には有形無形の資産があるから、その価値判断をしっかり持つことができれば、自信につながり、前向きな気持ちにつながってくるのである。

銀行が融資をしてくれない時、わたしは最大限に会社の価値やポテンシャルをアピールした。そうした価値を経営者が認識し、現場にどれだけ理解させていくかによって現状を切り拓いていくかが決まる。そこから現場とトップの一体感が生まれてくるし、今後、会社を成長させようと考えた時に、そうした一体感を醸成していけるような風土を作らなければならないと思う。

当社には全国主要都市二十八カ所に、営業やＣＳ（カスタマーサポート）ネットワークがある。そこにはそれぞれ支社長や部門長がいて、地域密着の運営を行っている。

しかし、当社が今後更なる成長や飛躍を遂げるには、こうした責任者がサラリーマン感覚のままでは困る。自分がオーナーになったつもりで、経営者感覚を持って働いてもらいたいと思っている。

戦国時代なら一国一城の主になったのと同じだから、もっと主体性をもって仕事に取り組んでもらいたい。例えばサラリーマンの感覚だと、経費は会社のお金だから自分の懐は痛まない。だったら使ってしまおうと考えがちだ。しかし、オーナーになると会社のお金は自分のお金だと考えるようになるから、自然と節約しようと思うものである。そうした経営者としての目線を持って仕事に取り組むことが出来れば、モノの見方や考え方というのは変わってくるのだ。

会社にやらされているという考え方では、成長するものも成長しなくなる。しかし、会社を自分の活躍の場として利用するくらいの気持ちで仕事に取り組めば、自分のキャパシティは広がってくるものだ。そして、そこから創造力も出て来るし、クリエーティビティが出て来れば、イマジネーションも生まれて来る。こうした考えを持った社員がいる企業は必ず強くなる。わたしは当社をこうした強い企業集団にしていきたいと思うのだ。

日本には誇れる文化がたくさんある

誰にも気づかれないところで、会社には眠ったままの人材や技術、次の商品開発のヒントが隠されているものだ。こうしたヒントをいかに掘り起こしていくか、われわれも日々考えているところである。以前、テレビを見ていたら京都の伝統工芸の話をしていた。

京都のある桶屋さんの話で、高野槇《こうやまき》のシャンパンクーラーを開発した会社の話だ。伝統技術を活かして桶《おけ》指物の技を世界へ発信する中川木工芸という中小企業の話で、フランスの「ドン　ペリニヨン」がロゴ入り製品を発注するなど、五百年以上続く木工技術や木を取り入れる日本古来の生活様式に海外の注目が集まっているという。数十年前には何百人といた京都の桶職人も今では数人しかいないとのことだが、やはり、日本の伝統工芸というのは世界に通用するものがたくさんある。美術品や骨とう品はその最たるものだろう。しかし、現実には職人や技師のなり手がいなくて数が減っているから、国や自治体がもっと地場の産業にスポットライトを当てて、後継者を育成できるような仕組みを作るべきだと思う。

農作物や園芸なども輸出品目になりうるだろう。日本製の食料品は安心・安全だから海外の人には評判がいいし、盆栽を見て癒される外国人はとても多い。これを世界に発信していけば、地方の活性化につながると思う。

現実には、今の農業は若者の農業離れや農家の高齢化といった深刻な状況にある。先ほどの伝統工芸にしろ、農業にしろ、日本が世界に誇れる伝統文化なのだから、政府も一体となって世界に発信していける仕組みを国民と一緒につくっていくべきだと思う。

今の日本は閉塞感に包まれている。個人も企業も国家もアイデンティティを見失っているようにみえるのだ。このアイデンティティを見つけることがどんなに重要なことか。この意識がなければ、グローバルな競争なんて勝てるはずがない。日本とは何なのか、日本人であるということはどういうことなのか。わたしたちは今一度、考える必要があるのではないだろうか。

『逆境から立ち上がれ！』

人生にはいい時も悪い時もありますが、どん底に落とされた時や逆境に立たされた時にこそ、人は試されているのだと思います。どん底から這い上がり、正面からぶつかって生き抜いてきた人間は必ず強くなります。混迷する世の中だからこそ、みなで力を合わせて立ち向かっていく。国民一人ひとりが立ち上がり、希望を持って生きる。そんな豊かな国をつくっていきたいものです。

企業不祥事が相次ぐ理由

一九七七年の創業以来、三十余年にわたって、多くの方々に支えられながらここまで歩んでくることが出来た。一頃、企業三十年説というのが話題になった。人間に寿命があるように企業にも寿命がある、三十年もすれば企業は衰退していくという意味で使われる言葉である。

当社は三十年という長きにわたって、生きながらえることが出来ている。当社にはカリスマ経営者も天才的な技術者や、伝説の営業マンがいるわけではない。エリート集団ではない、雑草集団だ。そんな平凡な集団がどうして三十年以上経った今でも生かされているのだろうか？　それは確固たる企業理念や経営方針のもとに、お客様本位のビジネスを貫いてきたからだと思う。

ちょうど三十周年を迎えた二〇〇七年に、わたしは百年企業を目指すということを宣言した。日本でも百年、二百年続いている企業がいくつかあるが、こうした伝統企業というのは例外なく企業理念や経営方針、経営者の経営哲学といったものが確立されており、かつ全社員に徹底されている。

百年保つ企業と三十年も保たずに淘汰されていく会社の違いは、創業の原点を忘れていないか否か、ということに尽きる。今は時価会計全盛の時代であるが、わたしは一時の金儲けや時価総額だけを追求しようとする会社は長続きしないと思っている。経済環境や市況の悪化といった理由で会社が倒産に追い込まれるというのは実は少ない。社長を始めとして現場力が弱っている時に起こるのだ。会社の躓きは内部から起こる。つまり、経営者や社員が私利私欲に走ってしまうケースだ。しかし、現場で何が起こっているかを理解し、どんな解決方法があって、そのためにどう動いていけばいいのかを徹底的に考え、社員を総動員して知恵を絞っていく。それが出来る企業であれば、そんな簡単に企業は潰れるものではないと思う。

最近、企業の不祥事が相次いでいるが、こうした企業は創業の原点や経営哲学から外れていたり、忘れてしまっていることが多い。やはり、何万人、何十万人の従業員を抱えるような巨大企業になると、社員全員に意識の徹底を図ることは難しくなっていくのだ。われわれは一千人強の社員しかいない中小企業であるが、それでも創業の精神や経営哲学を徹底することは難しい。未だに徹底しきれていない部分もあり、ここはわたしも大いに反省しているところだ。

当社の企業理念は三つある。

1、豊かな生活の実現
2、文化活動への参加
3、社会的人格の錬成

まず一番に、この会社を構成している社員の豊かな生活を実現しようじゃないかということ。二番目には衣食足りて礼節を知るではないけれども、日本に存在する伝統文化を守ることを目的に、企業として文化活動に積極的に参加していくということ。最後が企業活動を通して、社員の社会的な人格を錬成するということ。会社というのはそういう場なんだ、それを実現するためにどのような事業を行っていくか、というのが経営方針である。

われわれが何のために企業活動を行っているかというと、わが国の税理士会計事務所とその顧問先である中小企業のために最適な経営システム、経営ノウハウを提供し、経営情報サービスを提供していくということに尽きる。経営システムや経営ノウハウ、経営情報というのがうちの商品であり、それを普及させていくこと、それも単に普及させるだけでなく、コンサルティングサービスという付加価値の付いた普及の仕方を追求していくこと。これが経営方針である。

わたしがなぜ経営システムを事業として選んだのか? なぜ製造業や飲食店、サービス業ではなかったのか? これは突き詰めて考えていくと、人が集まる企業や団体、組織というものには必ずマネジメントが発生する。これは地球上から企業や自治体が無くならない限り永遠にあり続けるものだから、世の中から無くならないものを商品化し、仕事にしていこうと思ったのだ。

企業は生まれた限り生き延びていかなければならないから、できるだけ普遍性のある商品を扱おう。そのためにしっかりした経営哲学を持って、それにこだわりながら経営していくことが必要だと考えたのだ。

こうして考えていくと、会社経営というのは、今流行りのCSR(企業の社会的責任)そのものである。CSRを実現するための器が会社なのかもしれない。

ただ、こういう経営方針や事業理念を全社員に徹底していくというのは、本当に難しいものだ。毎日、毎日、現場で耳にタコが出来るほど繰り返し言ってもまだ足りない。企業というのは社員の総和だから、わたしだけが考えていてもダメで、役員をはじめ、それぞれの課の社員が心底思って実践していけるように積み上げていかないと、わたしが目標とする百年企業には辿りつけないと思う。

企業活動は「菩薩行」

当社の社名は、別名「世直し御仏」とも呼ばれる、弥勒菩薩から命名したものである。わたしがミロク経理に入社した当時、創業者に「ミロク経理の創業理念は何ですか」と尋ねたら、「総合相互」と言われたことを覚えている。つまり、お互いがお互いを支えあっている会社にしたいということで、社員と社員の相互、社員とお客様との相互、企業と地域社会との相互、その全てにおいて総合的な信頼関係を構築できる会社にしたい、という意味だった。

ミロク経理が倒産した時、わたしは多くの人から社名変更を勧められた。しかし、当社にはこうした自利・利他の精神からなる菩薩行の精神が宿っている。ミロク情報サービスは、弥勒の名に恥じないよう人間愛と相互互恵を基として、未来に向かって進んでいきたい。多くの人に支えられ、そして支えていきながらも、世の中に役立つ企業として活動していくという理想を抱いているわたしは、それゆえに「ミロク」という名にこだわってきた。

われわれの企業活動は『菩薩行』であると考えられる。人助けをするという意味の菩薩行を企業活動に当てはめると、商売や金儲けだけではなく、お客様や社会全体の人助けにつながるよう、自分を犠牲にして身と心を呈して尽くすということだと考えられる。真心を持って行動でお客様に示すことによって、われわれはお客様に生かされる存在になる。われわれは菩薩の心を持って様々なクレームやトラブルを受け止め、お客様の苦労や悩みをすくい取っていく。こうした考えである限り、会社は今後も続いていくと思う。

そうした経営理念や経営方針を徹頭徹尾追求していける会社、そして社業を通じて社会に貢献することのできる会社、そういう会社を目指して、わたしはこれからもミロク情報サービスを成長させていきたいと考えている。

おわりに

「日本経済が発展を遂げることができるかどうかは、日本経済を根底から支えている中小企業がどれだけ活躍できるかにかかっている。中小企業が元気になれば日本経済も活性化する。われわれも会計士や税理士の方々と協力しながら、中小・零細企業をサポートするためのシステムやソリューションを提供していきたい」

ミロク情報サービス会長の是枝伸彦はこう語る。

税理士や公認会計士事務所およびその顧問先の中小・零細企業向けに、業務用アプリケーションソフトの開発・販売を行うミロク情報サービス。昨今のめまぐるしい税制改革や商法改正、会計制度の変更に対応するべく、さまざまな情報やサービスを提供している。主なユーザーは全国八千四百の会計事務所と全国一万七千の一般企業だ。

現在、日本に約四百三十万社あると言われ、企業全体の九九・七％を占めるのが中小企業。日本の雇用全体の約七割を占め、約二千八百万人の労働者人口を擁する。世界に冠たる自動車産業やエレクトロニクス産業といった日本のモノづくりが高い国際競争力を保っているのは、プレスや鍛造などモノづくりの基盤となる高度な技術を持った中小企業が存在しているからだ。

しかし、地域の経済活性化や雇用の受け皿として中小企業は非常に大きな役割を果たしているものの、優れた能力を持ちながら倒産に追い込まれるケースも多い。厳しい経済環境が続く中で、苦しい経営を余儀なくされているところも少なくない。

ここ数年、新建築基準法、金融商品取引法、新貸金業法、そして現在議論されている労働者派遣法の改正など、投資家保護や消費者保護の名目のもと、法の改正が頻繁に行われている。しかし、こうした法改正によって、大資本の会社しか生き残れないという〝官製不況〟を引き起こしているのも事実。痛みのしわ寄せは結果として、中小企業に向かって行く。

是枝もこうした現状に頭を悩ませる一人。

「多くの政治家のように、表面だけを捉えて役人に何とかしろと言っても彼らは規制をかけるだけで、官製不況のような構造を生み出すだけ。規制をかけるのはいいけれど、その結果、どんな影響が出て、どういう結果を引き起こすかという十分なリサーチのないままに規制を強化してしまうからおかしなことになる。マスメディアもそう。ただ、問題をほじくるだけで問題解決をしようとは考えない。政治家は国民と共に、マスメディアは視聴者や読者と共に、そして企業はお客様と共に問題を解決していこうという考え方でないといけない」

中小企業の経営者と共に解決策を見出していこう、というのが是枝の経営哲学。言い換えれば、「御用聞き」ということだろう。顧客がどんなことに対して悩みや不満を感じ、どうすれば問題点を解決することができるか。そうした問題解決（ソリューション）型のコンサルティングサービスが、ミロク情報サービスの原点としてある。

「よく新入社員に言うんですよ。君たちはコンピューターの会社だと思って、うちに入社したのかもしれない。しかし、コンピューターは経営を行うための道具にすぎない。われわれが学ばなければならないことは経営の仕組みであり、経営のノウハウであり、ソフトを開発する人間もそういう仕組みを理解していないとダメなんだと」

会計事務所向けのシステム（ソフト）を提供する会社は多いが、ソリューション型のコンサルティングサービスを基本的なコンセプトに掲げるのはミロク情報サービスだけだ。ここが同社の最大の特徴になっている。

一九七七（昭和五十二）年にミロク情報サービスは設立された。三年後の八〇（昭和五十五）年には是枝が社長に就任しているから、今年で経営者生活も三十年になった。

これまで、浮き沈みの激しい経営の第一線で生きてきた。思うようにいかないのが経営であり、また人生である。その荒波の中を生き抜くには、揺るぎない信念と基本軸がなければならない。

創業以来三十余年、技術の革新に伴い、従来のビジネスモデルが大幅に変わる恐ろしさを体感し、更に懸命に努力していると知り合いの経営者の先達が心温かい手を差し伸べてくれたこともある。そんな是枝自身のエピソードを踏まえ、若いビジネスマンを対象に、人生に迷った時に試練を乗り超える知恵や発想を語ってもらいたいというのが刊行の狙いである。

仕事で逆境に立たされたときでも、是枝は周囲に不満をもらすのではなく、自分のやるべきことを全うしてきた。決して手抜きをせず、相手の目を見て物事に真剣に取り組んできたからこそ、周囲が手を差し伸べ、力になってくれるのだ。

生かし、生かされ、生きる――。

是枝の三十年に及ぶ経営者人生から導き出された教訓である。

二〇一〇年六月　『財界』編集部

参考文献

『ＭＪＳ３０年史』　株式会社ミロク情報サービス編
『菩薩行　ミロク情報の経営哲学』　宍戸周夫著　日刊工業新聞社
『一目でわかる企業系列と業界地図』　大薗友和著　日本実業出版社

是枝伸彦（これえだ・のぶひこ）

1937年９月鹿児島県生まれ。60年中央大学法学部卒業後、東京オフィスマシン入社。65年ミロク経理入社。77年ミロク情報サービスを設立、取締役就任。80年社長、92年社長兼会長、2005年より会長をつとめる。

生かし、生かされ、生きる！

2010年６月26日　第１版第１刷発行

著者　是枝伸彦

発行者　村田博文
発行所　株式会社財界研究所

［住所］〒100-0014東京都千代田区永田町2-14-3 赤坂東急ビル11階
［電話］03-3581-6771
［ファクス］03-3581-6777
［URL］http://www.zaikai.jp/

印刷・製本　図書印刷株式会社

ISBN 978-4-87932-071-1
定価はカバーに印刷してあります。